送給我們的大孩子——

安娜（Anna）和特理皮（Tremper）。

你們教導了我在無望裏的盼望。

靈修著作精選

我一直以為，人生是這樣走的

為生命重新導航

— 二版 —

艾倫德、朗文 著
李小釧 譯

▼

靈修著作精選

我一直以為，人生是這樣走的

為生命重新導航

Breaking the Idols of Your Heart

How to Navigate the Temptations of Life

作者

艾倫德 Dan B. Allender

朗文 Tremper Longman III

譯者

李小釧

責任編輯

文肖玲、吳國雄

裝幀設計

奇文雲海．設計顧問

■

出版 / 發行

基道出版社

香港沙田火炭坳背灣街 26 號富騰工業中心 1011 室

LOGOS PUBLISHERS

Unit 1011, Fo Tan Ind. Centre, 26 Au Pui Wan St., Shatin, Hong Kong

電話：(852) 2687-0331　傳真：(852) 2687-0281

網址：http://www.logos.com.hk

承印

海洋印務有限公司

●

6/2013 初版　6/2018 二版

Cat. No. LP649-2

ISBN: 978-962-457-459-3

Originally published by InterVarsity Press as *Breaking the Idols of Your Heart*
by Dan B. Allender and Tremper Longman III.

刷次	10	9	8	7	6	5	4	3	2	1
年份	2027	2026	2025	2024	2023	2022	2021	2020	2019	2018

鳴謝

當我們一起製作這本觸及生命核心議題的書時，它激發起我們之間很多的討論——有一部分討論最終收入這本書裏，而其餘的則要等到我們成熟一點，才能夠有條理地表達出我們言談之間所得出的頓悟。我們二人都將這份由十三歲開始建立起來的友誼，視為一個奧妙而活生生的見證，證明神出人意外的美善。

我們的家是我們存在的根本，也是神在我們生命中工作，教我們歸信祂的重要地方。沒有人比我們的妻子，貝琪（Becky）和雅麗（Alice），更毫無保留、更慷慨大方地將自己的生命投放在我們的工作上。我們認為這書是一份極好的禮物，而且都有賴這兩位非常敬虔的女士的付出。她們都很愛我們，很喜歡我們。

我們亦向那些聆聽了我們製作這書的概念，又向我們提供了很好的指導和建議的人致謝，當中我們特別想鳴謝丹．麥建知（Dan McGlichey），他花時間閱畢整份手稿，又給予我們很有用的建議。我們也感謝納特．泰勒（Nate Taylor），這個甚具創意的年輕人，將來定能成就美好的事。

更重要的是，我們要謝謝我們的朋友兼編輯辛迪．邦奇（Cindy Bunch）。她不單提供意見、負責審稿校正等工作，還帶來獨到的見解；這些付出對修訂本書的最終版本都是十分寶貴的。她令我們的著作成為一本更好的書。

最後，一切感恩都歸予我們的神，祂不單藉祂兒子的死贖回我們，更讓我們有幸成為祂的同工，一起傳揚生命在基督裏的信息。我們很感恩，亦很榮幸能獲邀進入讀者的生命，與讀者一起思想神的榮耀。

目錄

引言
尋找意義

「鈴鈴……鈴鈴……」，鬧鐘響了。這款舊式「天美時」（Timex）鬧鐘圓圓的像個太陽，以金框鑲邊，鐘面則以玻璃層壓技術裝嵌。每次它一響，都會震動到諾厄・亞當森（Noah Adamson）牀頭邊的小桌。清晨的陽光耀目刺眼，弄醒了諾厄，要他起來迎接這個就一些人看來是晴朗光輝的新開始的一天。

不，諾厄可不會這樣想，他喜歡睡牀。他一邊呻吟著，一邊伸手到牀頭小桌，一把抓住鬧鐘，一下子終止了響鬧聲。有一段時間，他考慮再鑽回被子裏抱頭大睡。然而，他體內的腎上腺素開始上升。在雙腳著地之前，他已經在想著彼爾遜（Pearson）家具的計劃書。

他一向都須要依靠早上例行要做的事的每一個細節——做仰臥起坐、洗一個熱水澡、淋一個冷水浴、小心翼翼地刮鬍鬚，來為一天作好自我的心理準備。今天他極速完成了整個程序，而同時間他的心已經飛到工作上了。他穿著自己最好的西裝下樓梯時，瓊（Joan）已經從廚房裏喊出來：「老公，雞蛋煮好了。你還要煙肉嗎？」

「沒時間了。」他從樓下的桌子取過自己的公事包，再溜到廚房。「雞蛋給孩子吃吧，我會在上班時沿途買個烤捲餅吃。」

「就只花一分鐘而已。」她將一堆炒蛋翻到碟上等他來吃，又遞給他一杯橙汁。「你可以在孩子還未起牀前出門的。」

諾厄坐下來。再爭辯下去可會較吃早餐花更多時間。「如果今天一切如我所願，我便可以重挫喬納森（Jonathan）的鋭氣，所有主要交易都得到最終的確認。」

「即是怎樣呢？」她雀躍地問道。

「要解釋起來，太複雜了。」他用叉子叉起最後一口炒蛋，伸手去取咖啡杯。

瓊意會到。早晨時段中並沒有安排到有交談這個環節。「嗯，希望你在那兒不是天天都如此，像上戰場一般。」她撫平身上那六十年代款式的圍裙，神情空洞的凝視窗外。這種空洞的神情，常常惹得他有點生氣。她說：「試試今晚別太晚回來吧，我們要開始上那新一期查經班，而且我們答應了會預備飲品。不如我們就早一點出發去雜貨店走一趟吧。又或者，你想我預先準備好飲品嗎——」

「查經？」諾厄的臉因生氣而皺起來：「喏，如果今天一切順利，我一定會非常疲累，若是不順利，就更是加陪疲累。」

「嗯，但我們應承了的，而且你還告訴傑克（Jack）你會去的。你說查考傳道書正合你的喜好，因為你曾經在大學時期修讀過存在主義（extistentialism）或相類似的學科。」瓊保持聲線平穩，但肩膀肌肉收緊，暗示諾厄她是說認真的。如果他想保太平，逃避查經班是萬萬不能的。

他忍著怒氣低聲說：「好吧，我們會在途上買飲品。但我得告訴你，如果我累垮了，便不會去上查經班，去被迫聽傑克大拋書包的講聖經。」

瓊轉過頭來，臉上的神情帶給他一陣難以忍受的內疚感，刺痛著他。他知道她很期待每一次的晚間查經班。她花大部分時間照料添米（Timmy）、瑞安（Ryan）和打理家居，她需要社交。再者，拉他去查經班，是想逼他為他自己向來不熱中神的事工，作一點靈性上的補償。諾厄樂意順一順她意——每周一晚就可以令她心滿意足，少點嘮叨。

他再次伸手去取自己的公事包，對她說：「不用擔心。如果今天我能夠如計劃般，將事情順利辦妥——我答應你，一定可以的——傑克和傳道書都難不到我。」

可是，諾厄從車房倒車出來時，他已經開始懊悔為何當初會向查經班屈服。花一個晚上研讀傳道書——拜託啦，他只想在勞碌一天後放鬆一下而已。數年前，諾厄讀過這卷書的幾個章節，但他仍記得的都是教人又茫然又納悶的信息。**吃吃喝喝，快樂過活；凡事都是虛空，凡事都只是捕風。**

那為甚麼自尋煩惱？他向來都很喜歡一句名言「為甚麼問為甚麼」（why ask why）。現在他駛著他的奧迪（Audi），進入高速公路上那熟悉的車流的時候，這句話已經在他腦海裏沉澱下來，令他隱隱作痛。他對傳道書的記憶包含了惱怒，因為傳道書沒有一個較清晰易懂、較能帶來希望的信息。為甚麼問為甚麼——特別是當傑克在場的時候。傑克是個事業有成的辯護律師，而諾厄只知道他會令傳道書變成具規律與邏輯、又實用又悶蛋的版本。哪一件事較糟呢——妻子失望，還是傑克？

或許他可以找點時間，至少在查經班之前讀幾章傳道書。如此他就傑克的話發表意見時，起碼有理據能令他站得住腳；當傑克開始——

前面的剎車警號燈突然亮起，示意後面的車子要減速，也打斷了諾厄的白日夢。但諾厄早就習慣城市的交通，他已經認定了一個鄰線的空位，他沒有減速，而是謹慎小心地移到一輛正在加速的福特野馬（Mustang）後面，讓車流將查經班一事從他的腦海裏沖走。反正，他有更要緊的事情要思考——例如今早的會議，這次他計劃提出他的動議。

諾厄是個股票經紀，在布拉澤斯聯合公司（Brothers Consolidated）屬下的芝加哥辦公室內任職。布拉澤斯所經營的是「沽空」（shorts）交易。大部分投資者都會選擇投資市值看來會上升的股票。「沽空者」則預先沽空認為現時估值過高的股票，然後期待股價下跌，便可以以低於目前市價買回股票。

諾厄早已晉升到比他的同輩更高的職位，正是因為他眼光獨到，具有洞察力，能準確推測行情，挑選出股價將要下滑的股票。他自己做足功課，研究每一間公司的投資組合，但他真正的本事在於閱讀人心——以及追蹤他所研究的公司本身的文化。他把每間公司看成一個個家族，再逐步了解這家族的神話、祕密和弱點。每個企業家族的營運發展都視乎其行政總裁的個性和理念。諾厄深信，只要他掌握到公司掌舵人的背景、偏見和信念，就能預測公司何時會自我膨脹到墮進深淵。然後，鯊魚就出場了。

這就是諾厄如何看自己——像一條鯊魚。他喜歡獨自到互聯網上鮮為人知的隱密處瀏覽，吞下所有有關企業及其老闆的資訊。他常常追溯那些有關行政總裁在高中和大學時代的故事，找出導致他們失敗、不幸和損失的重點因素。他是一條很清楚自己哪方面在行的鯊魚。

諾厄喜歡自己的工作。他喜歡做一條鯊魚。

再者，若然這樣意味著他永遠都不能停止游來游去……嗯，他願意付上這個代價。

虛空世界中的豐盛人生

作為基督徒，我們已經將生命交託給耶穌。祂是我們生命的中心。祂是我們的神，是我們的拯救。沒有任何事情比耶穌更重要。

是嗎？

若問起基督徒，他們大多會自自然然地聲稱他們與耶穌的關係是他們生命的中心。不過，進一步的反思可能會帶來另一個結論。請問一下自己：

- 你發的白日夢是關於甚麼的？
- 你覺得你的將來會怎樣？

- 甚麼事情佔據了你的思緒？
- 你將自己的大部分時間花在甚麼事情上？
- 你想將來自己的大部分時間花在甚麼事情上？
- 你會怎樣妒忌別人？

你跟耶穌的關係構成一幅怎樣的圖畫呢？是甚麼燃起你生命中的激情？假若那不是耶穌，或許是工作、玩樂、運動、金錢、權力爭奪、家庭、朋友、教會、事奉或一些「日光之下」的事。

「日光之下」這個說法對讀過聖經裏傳道書的人而言並不陌生。在那卷書，傳道者探討各種通往生命中潛在意義的路徑，包括以上所提及的。不過，出乎意料地，他所得到的是空虛、懊惱和憤怒。「凡事都是虛空」也是另一個反覆在這卷書中出現的句子。

看，傳道書是偶像破壞王。

或許你很熟悉聖經中所描述的偶像，例如出埃及記和以賽亞書裏所記載的。這些都是假神，以雕像形式呈現於人前，除了當地人會敬拜他們，不幸的是，墮落的以色列人也敬拜他們。他們叫做巴力、米羅達、阿舍拉，以及許多許多其他名字。人們將這些偶像放在他們生命的中心；借用二十世紀中葉一位神學家的說法，這些偶像成為了人們的「終極關懷」（ultimate concern）。男男女女都向他們供奉物資、付出勞力和時間，抱著希望，期待這些神祇能改善他們的生活。

可是，你不一定要在一個雕像面前卑躬屈膝，才能進行這種異質化崇拜（perverse worship）。傳道書提醒我們，偶像崇拜一般都以微妙的方式進行。對傳道書的作者而言，追求金錢、權力或其他能滿足慾望的物質，跟下拜巴力沒有分別。

基督徒現時所面對著的重大試探，就是去崇拜這些在我們心底裏的偶像。我們星期日回到教會，但當牧者講道時，我們又會想著，如果自己有錢，買到夢想中的海邊大屋，去那個值得一遊的小島旅行，我們的生活會變得多麼美好。即使是牧師，也可能會受試探，在更多會眾、更多獻金、更有榮譽和聲望的祭壇前崇拜。

而我們——本書的作者——跟其他基督徒一樣，也發現自己在流浪的心靈遠離了耶穌，走向其他人、其他事了。我們都在欺哄自己，令自己相信這些人和事能夠帶給我們生命的意義、價值和成功。的確，我們經常互相開玩笑說，這本書跟我們的中年危機有關，因為人值中年，就會去問到底甚麼事才是真正重要，而傳道書便直接回應了這類提問。可是，不一定是中年人才會在人生意義和目標的問題上苦苦掙扎。不論你年紀有多大，我們都為你準備了這本書，邀請你來重新發掘以耶穌為生命中心的豐盛人生。

這如何實現出來呢？首先要不留情面地對自己坦白，承認自己現在所做的大部分事情都是「捕風」，甚至追隨了假神，而這樣對自己是毫無好處的。我們要先對現況感到極之不滿，同時熱切渴求嘗試一些全然不同的事物。

我們每天都聽到許多聲音——來自書本、講道、網頁、傳媒——它們都很樂意告訴我們應該做甚麼。這些聲音所說的，一般都是牢牢緊扣著聖經，提供一些步驟引導我們邁向更美好的世界，獲得更完美的婚姻，教出更服從又不易受流行文化影響的子女，取得工作上的成功又不致損害與親人之間的關係。但箇中困難之處就是，這些步驟指引通常只是提出另一堆期望。我們不單感到自己被一片混亂弄得不知所措，更內疚自己沒有好好處理事情。而且，我們仍然對人生目標和意義的問題感到困擾非常。

傳道書指出一種與眾不同的可能——真正改變的可能。當我們的心朝向一條看來比我們預期所面對的困境更難走過的窄路進發時，這便是真正的改變。這條人生新路線憑藉這個真正改變的可能，便有了新的決定、新的行為表現和新的人生意義。

那個可能就是本書的核心內容；本書講述八個虛構人物各自面對著不同有關人生意義的問題，其後透過研讀傳道書學習，生命亦隨即起了變化。故事篇章旨在幫助你反思自己的生命和你朋友家人的生命，而穿插其中的部分則回應故事內容和探討傳道書中的主要分題。一如我們以前製作《親密同盟》（*Intimate Allies*）一書的分工模式，艾倫德（Dan B. Allender）撰寫故事篇章，而朗文（Tremper Longman III）則撰寫非故事篇章的部分。

在每一章的最後都有一個簡短的傳道書研讀部分，以及一連串用作延伸討論和自我反思的問題。這些材料對個人靈修相信有很大幫助，但我們也期望本書能夠在小組團契中得以好好運用。

傳道書基本上是兩個智者之間的對話——一個對神諸多懷疑，一個對神全心信靠。在傳道書裏，大部分時間都是諸多懷疑的那個在說話。他詳細地講述自己尋找人生意義的經歷，探討自己昔日追求的各個偶像所帶給他的人生意義——控制權、關係、工作、樂趣、智慧、靈性，甚至是生命本身。他尋尋覓覓，最後挫敗收場，故此便放棄他所花的一切努力，告誡他的聽眾：

- 控制權總是從我們的掌握之中溜走。

- 關係總是帶來失望。
- 工作總是讓我們感到挫敗。
- 樂趣總是一瞬即逝。
- 智慧永不能給予適切的引導。
- 靈性常常於律法規範面前屈服。
- 生命的終局是朽壞和死亡。

這是個令人不安的信息，所以傳道書並非一卷大多數基督徒愛看的書。然而，正因這個諸多懷疑的人發表了如此叫人毫無寄望的言論，才能讓我們看穿自己繁囂生活中的迷霧，得出本書的最後總結：當我們順服神對我們的遠大期望時，我們就得著明確的人生目標。

我們大部分人可能偶爾也發覺自己受到誘惑，轉而崇拜以上七個偶像中的其中一個，期望得著喜樂、成功和人生意義。傳道書鼓勵我們要堅拒這些毫無益處的引誘，回轉歸向神，我們的希望之源。當我們抵受得住誘惑的纏擾，向心裏的偶像提出挑戰，便能夠得著既重要又牢靠的盼望。

在傳道書裏，那諸多懷疑的人所說的並不是答案。終極答案在於一個看似自相矛盾的悖論——失去偶像，我們不僅能得著生命的意義，更得著神本身。

因此，當你閱讀這本書時，覺得你心中的偶像受到打擊，請放心。我們崇拜那不是神的神祇——這看起來是個難以理解的前設——其實可算是一件值得安慰的事。我們崇拜別神，對耶穌來說並不是新鮮事。祂經常被祂所造之物排擠，可是，祂將會在我們心裏得勝的。祂會贏得那本該屬於祂的至高主權，而且會狠狠地毀滅一切假神，騰出地方給祂這已經將我們的心贖回的神。

1. 追求權力
我能控制自己的世界

諾厄駛入布拉澤斯聯合公司的員工專用停車場，發現他的車位被佔用了。那擅闖者是新來的，最近才加入公司當研究員。這個年青人剛下車，諾厄就駛到他身後並大喊：「你何時當了高級分析員呢？」

那年青人嚇了一跳：「啊，對不起！是我把車停在你的車位嗎？我會駛開的。真的很對不起！」

「這個就當是今天送你的禮物吧。再有下次，我就將你的車拖出去——又或者，我會派你做點事，教你整晚都要留在這兒工作。」

那年青人繼續不停道歉，但諾厄已經沒興趣理會他。他想在今天公司高層開會前，把一切事都準備得妥妥當當。在這次會議裏，他們會再檢視公司的投資組合，並重新評估他們過去所有的投資決策——包括有關彼爾遜家具的投資項目。

近來，彼爾遜的股價在納斯達克（NASDAQ）市場上下跌了幾個點，而且看來將會繼續下滑，但諾厄相信，對彼爾遜的業務發展而言，此輕微的跌勢只屬暫時。最近，一全國性的連鎖式企業招標，讓其他企業可在其旗下商店銷售他們的產品，而彼爾遜家具在競投中失敗了——明顯是因為他們生產線尚未完全發展成熟，和他們的產品又尚未完成。諾厄相信，彼爾遜的產品只是走在時代的尖端——這是一間很優秀、很創新的公司，相信不久它將會主導商業市場。

布拉澤斯聯合公司當然想那股票下跌，然後就可以趁勢行使手上的期權。喬納森，即是諾厄的頭號敵人，將會以他一貫溫和而充滿自信的聲線提出，現況已經證實了看淡彼爾遜後市的決定是正確的。可是，他不太清楚彼爾遜家具背後的個性。跟任何一個從事商界的人一樣，他只知道那個行政總裁斯科特（Scott）是個初出茅廬、穿牛仔褲的叛逆小子，但卻不了解斯科特的過去、個性、或者喜好。

諾厄倒是全都知道。

諾厄追蹤過斯科特的人生，研究過他的工作成果，甚至與他的高級職員聊過。他研究過一段斯科特向一眾員工演講的錄音。斯科特在提到一個彼爾遜的貨車司機的兒子患癌去世時，淌下淚來。斯科特因別人的兒子逝世而難過，諾厄感到很驚訝。斯科特是個滿懷壯志的企業家，但卻不會跟員工談企業政策，講企業盈利，反而分享貨車司機教會了他甚麼做人道理，繼而講述他希望成為一個怎樣的丈夫、怎樣的父親、怎樣的朋友——還有，希望建立一間怎樣的公司。

那段演講縈繞在諾厄心頭，不是那淚水。那淚水只令他感到婆媽，而是斯科特的理念、熱誠。諾厄的直覺告訴他，斯科特將會藉那次在全國性連鎖企業的投標失敗，激勵他的團隊邁步向前，建立彼爾遜旗下的全國性商務家具部門。

那股票一定會升。如果諾厄精明謹慎一點，他手持的彼爾遜股票也會升。

諾厄跟助手珍妮特（Janet）談了兩句，然後拿著他的文件夾和咖啡杯，走進豪華雅緻的會議室。他在李（Lee）旁邊坐下，李就是芝加哥辦公室研究及分析部門的高級副總裁。喬納森坐在會議桌的另一端，早已將自己的報告副本分發給與會者，並打開他的皮革製文件夾，準備開始發表他的分析評論。諾厄很快地略讀一下那份報告之後，就放鬆心情等待大顯身手的好時機。

喬納森開始以他一貫流暢自如的巧妙言辭游說與會者。他跟眾人很快地瀏覽一遍相關數據後，就乾脆立下結論：「彼爾遜在未來十星期內下跌至少二十個百分點的可能性極大。

我認為，市場會在大約一星期內，將注意力集中在這股票上，所以我們只剩下很短時間去好好利用這個機會。」

李點點頭，準備開始討論下一隻股票。「還有其他關於彼爾遜的事要討論嗎？看來我們這裏已經有一位勝出者了，而且根據喬納森的仔細研究，我們或許可以加大投資額。」

諾厄在座位上挪一下身子，開始發動攻勢，要擊倒敵方。「請容許我提出一個小眾的意見，好嗎？我並不懷疑喬納森做了功課，但請讓我問一問他，可否給我們分析一下，彼爾遜家具過往面對挫敗時所曾做過的事。」

李感興趣起來，朝喬納森掃視一眼，但喬納森聳聳肩。「繼續説吧。」上司對諾厄説。

「喬納森，你有否留意到斯科特首次創業時，如何處理那宗幾乎毀掉他那剛起步的生意訴訟？又或者，你有否留意到幾年前一場暴風雨摧毀了他們的物流中心，延誤了原定的送貨時間表，結果斯科特在搬運貨物上貨櫃車之中，度過聖誕節。」

喬納森提一提起他那修飾得毫無瑕疵的眉毛。「沒有呀，諾厄，我沒有留意到。我也不太清楚他的心理背景或者高中的學業成績。不過我倒知道他個子矮小，所以可能會有拿破崙（Napoleon）的血統。」

全場哄堂大笑。第一回合，喬納森勝。

諾厄微微一笑。他沒興趣贏這個回合。他只是想將自己定位為孤獨的異見發言人。當股票飆升時，他想被人記起，他就是當初警告過眾人，不要下重注賭彼爾遜家具的股票會跌的人——他就是本應能夠救公司免受龐大金錢損失，又能夠令公司避免惹怒無數投資者的人。

諾厄笑道：「我可從沒想到要翻查他的高中成績，但我會去查一查的。不過在此之前，我確實認為斯科特的大學學業成績紀錄該能告知我們一些事情。他先後被三間大學要求退學，最終花了七年時間才完成大學課程。其後他創辦了四盤生意，但後來都一一賣掉予競爭對手，因為他能在每個競爭對手的主要市場裏，一一擊退他們的攻擊。這個人是個奇才，能在逆境中創下佳績。我肯定你們也留意到，沒有人比他更懂得向投資銀行推銷。他有一種不可思議的能力，可以在不明確的景況中生存，直到其他人落慌而逃，才從從容容地走入銀行，分得最大的獎賞。讓我來充當一下預言家吧。我認為斯科特會……」

諾厄擬出一個情境，預測彼爾遜家具於未來六個月可能會採取甚麼行動。「如果我們想獲利，」他作個總結：「我認為我們應該賣掉目前手上持有的，再買這股票會升，以彌補損失。」

整個會議室靜了下來。喬納森滿額汗珠，緊咬牙關。李臉色一沉，嚴肅地望著他說：「請回應。」

諾厄見他向來能言善辯的同事陣腳大亂，慌忙地為自己的提案辯護，心裏很是暢快。喬納森竭力掩飾自己沒有做足詳盡分析的缺失，列舉出往日投資成功的例子，最終關於投資彼爾遜的決議案又再次傾向他那一方。對諾厄而言，這並不要緊。他希望能製造出來的疑團，已經端端正正地擺在會議桌上，沒有人會忘記的。

離開會議室時，他跟較早時把車子停放在他車位上的年青人擦身而過。他咧嘴而笑，讚賞了一下年青人身上整潔的領帶。

那夜，諾厄回到家時，早已把查經班的事忘記得一乾二淨。他根本未曾抽空讀一下傳道書的第一章——而他也不喜歡毫無準備就去上查經班。可是，他逃不掉，就連那句「你真的不會想到我今天竟然會這麼倒霉」，他也不能再次搬出來當藉口了；因為他回家時已經表現得太高興了，很難以這個藉口成功說服他人。

他們在家附近的餐館匆匆地吃過晚飯。在整頓飯的時間，瓊一直喋喋不休地談著傳道書。「我就是不明白為甚麼神會容許所羅門所做的一切事。」她用叉子叉起她的沙拉，說：「我是指，他怎麼能夠有那麼多妻子？」

諾厄對此也感到疑惑，但這份疑惑卻是出於很不同的原因。他的腦海中掠過一些幻想，他想到自己有權納妾，就好像挑鞋子來穿一樣，隨隨便便挑一個女人來跟自己睡。他感到自己的呼吸加快了，但卻很清楚絕不能向瓊提及自己的想法。她永遠也不會明白的。

在超級市場匆匆地走一趟之後，他們找到馬克（Mark）和淑芝（Suzi）所居住的公寓大樓，然後在行車道和停車位之間兜兜轉轉，終於走出這個陌生的迷陣，找到二〇四號門牌，並把車子泊在公寓附近的一個車位上。淑芝跟往常一樣，咯咯笑到氣喘吁吁的應門。「哈囉！是來上查經班的嗎？哈，這當然啦！」她接過他們買來的梳打汽水，招手示意他們進入明亮的客廳。

諾厄眨一眨眼睛。這個地方到處都是各式各樣庸俗的鄉下擺設——有布娃娃、有熊寶寶、有偽造的「古董」標牌和扁額，上面寫著一些矯揉造作的語句，又有不同香味的蠟燭，散發著互不調和的氣味，還有，在一切可擺放東西的平面上，都放了一些色彩鮮豔的小裝飾品。諾厄不知真笑還是假笑才好，於是他專心去找一個角落位置坐下，避免與其他人交談。

在任何聚會中，諾厄都很討厭最先幾分鐘的寒暄交談時間，因為他永遠都不知道自己應該扮演一個怎樣的角色。如果人們看他是專家，他便會覺得自己要當一個智者，與其他人保持距離。又或者，如果人們看他是個普通的張三李四，在人羣中只是一張無名的臉孔，他便要忍受因不被重視而帶來的孤寂，嘗試不去理會為何他覺得自己是個失敗者的感覺。無論如何，他都認為自己永遠沒法子勝出。

經過一段漫長的強制性社交時間，傑克召集會眾：「大家不如取杯飲品，然後我們一起出發，開到水深之處吧。」傑克開始介紹新的查經課題。「相信大家都知道，我們今晚會開始一個新課題。希望你們都好像我為今晚的聚會準備時一樣，對研讀傳道書覺得興奮。」

諾厄苦起臉來。**我來了還不夠嗎？現在我還要覺得興奮……**

傑克繼續說：「如果大家不介意的話，與其按篇章順序去閱畢這卷好書，倒不如按主題逐一去研讀，看看我們能否集中注意力在重點之上。我想大家為今晚準備時，都讀過這卷書了。在理解當中的內容時，有哪個字眼停留在你腦海中揮之不去呢？」

諾厄為沒有做任何準備而感到有點內疚，但隨後由內疚轉為憤怒，並理直氣壯地認為將這種要求加諸於他這一類的大忙人身上，簡直是苛求。直到美美（Mimi）打破沉默，他才釋懷。「虛空，」她回答說：「這卷書不停地說人生是虛空的。」

傑克點點頭說：「講得沒錯。那麼，這個字眼有沒有令你感到不可思議？畢竟身為基督徒，我們都知道，現在神已經將豐盛的人生賜給我們了。但這裏卻有一個智慧人，對世上的景況和自己與神的關係感到絕望。老實說，我以前也真的不知道該如何開始閱讀這卷書，所以，我便開始翻看一些釋經書，又把整卷書從頭到尾再讀好幾遍。幸好這卷書不算太長。」

諾厄望出窗外，看著外面駛過的車輛，再瞥了手錶一眼，計算著他還要被迫忍受傑克的獨白到何時，才聽到他邀請大家將自己的無知跟別人的蒙昧湊在一起，就這卷書各抒己見。傑克繼續講下去。

「起初我對那些釋經書感到有點失望。不同作者對傳道書的觀點雖有分歧，但他們又一致指出，這卷書的最後幾節——尤其是最後兩節——包含著重要的教導。現在，讓我為大家讀出這兩節，傳道書十二章 13 至 14 節：『這些事都已聽見了，總意就是：敬畏神，謹守他的誡命，這是人所當盡的本分。因為人所做的事，連一切隱藏的事，無論是善是惡，神都必審問。』」

「好了，這些經文看來比『凡事都是虛空』較像聖經上所記載的話，所以我便嘗試去了解兩者之間的關連。我再重新讀那些釋經書，發現傳道書裏果真是有兩個人在對話。一個稱為傳道者，另一個則只簡單地稱為智慧人。智慧人敬畏神，而且提出最後的觀點角度，為整卷書作了總結。」

「假如大家閱讀得仔細一點的話，就會發現傳道者所說的是，日光之下人生是虛空的——『日光之下』，就是他提及那種遠離神、純粹活在人的角度的生命時所用的字眼——而他是以第一人稱來說出那些話的，例如『我見到』、『我做了』。不過，在書的末尾，說話的人講**關於**傳道者的事，就如『傳道者就是這樣』、『傳道者做了』。這些都證實了書中有兩個聲音在說話。」

諾厄向他的妻子瞥了一眼，見到她著了迷似的。諾厄心想，如果他挑戰傑克，不知會有甚麼事情發生。可是，他不太記得這卷書的內容，難以提出不同的意見。

傑克仔細地看著自己的筆記。「可是，有些人卻認為這兩個聲音都是出自同一個人的，就正如我當初所想——傳道者就是所羅門。我認為，他年輕時背棄了神，開始事奉外邦妻子的神，但後來他正視自己過往的愚昧，並且寫下這卷書。」他抬起頭來。「我知道是有點枯燥乏味，但我覺得這些資料是很重要的。」

諾厄脹紅了臉，心裏希望傑克沒見到他打呵欠。

傑克堅持繼續說下去：「我只差一點就講完的了。有些新的釋經書認為這卷書其實是有兩個不同的講者，但當中沒有一個是所羅門。而那個在書中主要部分發言的——即是傳道者——是個因受挫折而對於世事抱有偏見、疑心重的老人。他根據自己對人生的觀察，就人神關係提出一些很難回答的問題。」

「第二個則是另一位智慧人，在十二章 12 節中提到，他希望自己的兒子能面對現實，接受無常規、顯然充滿矛盾、又無法預測未來的人生。有趣的是，第二個智慧人確實認同了大部分傳道者觀察所得的意見。他確實沒有反對這個諸多懷疑的老人所提出的結論。」

「我不得不承認，接下來我這樣說是有點極端的，就是，似乎這個最後出現的聲音，這個屬神的智慧人的聲音，必須要跟傳道者唱反調。不過，他從來沒有駁斥『日光之下』人生是虛空的這個說法，倒是認同了，並且利用這說法，引領我們去不留情面、老老實實地看清人生的真像，然後再把注意力放在真正重要的事情上：敬畏神。」

「這樣，就彷彿有另一個傳道者在說：『你所說的大致上都是事實，不過，你所見到的只是整幅圖畫的一部分。你僅僅從「日光之下」的角度去觀察而已。你也須要從「日光之上」、從神的角度去看看人生是怎樣的。』」

傑克坐直身子，更刻意地注視廳內的每一個人。「希望這次查經的學習帶給我們的反思，能遠遠多於我們認為這卷書有甚麼教導而提出的純意見分享，亦希望我們能夠一起深入探討一下大部分人都忽視了的問題。但我不得不告訴你們——對於要帶領大家研讀這卷書，我有點緊張，比以往我們研讀其他經卷時更緊張。這卷書的思維模式跟我的信仰似乎不太協調。不過，我寧願去尋找答案，也不想忍受問題不斷煩擾著自己，因為這種煩擾令我……」

對於傑克的說話，諾厄半句也沒聽進耳中。他一直盯著馬西婭（Marcia）的腿。她坐在位子上挪動身子，一雙棕褐色的、修長的美腿向外伸直，就好像在邀請人家溜進碧綠的泳池中，而不是坐在日頭之下聽傑克喋喋不休地說個沒完。

馬西婭是傑克的妻子，不年輕，也沒有沉魚落雁般的美貌，但一頭褐色短髮，一雙深綠色的眼睛，令她看起來極之迷人，而且溫婉高雅。她和藹可親，很有禮貌，不過諾厄曾經注意到她在討論中表現出急才，而且很積極發言。

諾厄向瓊瞥了一眼。她手托著下巴，全神貫注地聽傑克高談闊論。但是，她可能不理解傑克在説甚麼。諾厄的目光從一個女人跳到另一個女人身上，互相比較著。他很愛瓊，但馬西婭——馬西婭令他著迷。雖然她比瓊年長近十歲，而且在很多方面也比不上瓊，但她就是散發出一種神祕感，吸引著他。那種神祕感和她的雙腿——

「你的腦袋裏是否想著些甚麼？諾厄今晚你似乎特別迷失在自己的世界裏。」

諾厄幾乎衝口而出回答了傑克的問題，但他止住了自己：「沒有呀，傑克。沒專心聽你説話，真對不起。可能是我禁不住又一直徘徊在日間工作的困擾中。」全場哄堂大笑。瓊漲紅了臉，但諾厄只是微笑，又回望馬西婭。就在一瞬間，她留意到他凝視著自己，便垂下眼睛，然後尷尬地望向傑克。諾厄第一次見到她如此慌張失措的樣子。

諾厄注意到傑克的胸膛微微挺起，收緊了雙手，他的左邊面頰泛著桃紅。但傑克微笑道：「喏，諾厄，我想你頭腦這麼靈活，裏面所發生的事情一定比你接下來要告訴我們的更精彩了吧。」諾厄盯著膝上的聖經。如何回應傑克所説的話，他並不感到有壓力。他覺得自己完全掌握了局勢，一切都在控制之中。總的來說，這天他一直都過得很好，而此刻他最渴望的是睡覺，睡個香香甜甜的覺。

查經班完了，諾厄鬆了一口氣，比瓊走前兩步到停車場。當他來到之前停放車子的位置時，只找到一張用大石頭壓著的字條。

車子不見了。

字條上寫著：「閣下的車子違規停放在未經許可的位置上，請到華斯沃夫大道（Wadsworth）與二百八十五號公路交界的二八五車場取回。罰款一百元正——只收現金。」

偶像：「我能控制自己的世界」

我們總是抱著一個錯誤的假設，這假設類似這樣：「只要我能控制自己的世界，人生就會變得容易操控，變得有意義、有目的。」

與此假設相關的是另一個同樣錯誤的假設：「我**應該**有能力控制自己的世界。」

在你不假思索的略過剛才那句說話之前，請試想想你的人生。你花了多少力氣去嘗試操控你的家庭生活、你的工作、你的教會生活、你的人際關係？當你回答這個問題時，你便可能會發現，自己一直尋求權力，帶著崇拜偶像的狂熱，設法控制自己的人生。

我們都想好好控制自己生活中的混亂場面。我們都不喜歡那些不請自來的驚喜，並且會好好計劃，致力遏止這種事情發生。我們會事前考慮到，自己的行動會帶來怎樣的後果，假如有人——不管是小孩子，是朋友，還是陌生人——擾亂了任何我們在生活上所訂立的規律，我們便會很不高興。

我們常常嘗試透過規則來取得控制。試想想所有管治我們生活的規則。我們有自己日常的「待辦事項」清單——洗衣服、準備飯餐、清潔碗筷、駕車送子女上學、保持身體健康。在工作上，我們有產品要出售、有表格要填寫、有病要應診、有課要教授。我們有倫理道德的規則，也有言行舉止的規則。

再者，以上任何規則都沒錯的——除非我們容許這些規則奪去我們對生命的熱情。規則可以成為需索，減損生命的深度、活力和激情。追趕那些**應該要**做的事時，我們往往便會看不清自己**想**做的事。最終，規則只會控制我們，而不是幫助我們控制自己的人生。

在追求控制能力時，我們也會受到誘惑，想要獲得支配他人的權力，因為我們假設了，權力等於控制。權力和控制看來都是達到生命中的意義的可行路徑；兩者都帶給我們歡樂和受重視的感覺。經歷與之相反的情況，即受自己以外的勢力和人所擺布，這都會令我們覺得自己的人生是由機遇所支配，因此是毫無意義的。

諾厄正是一個好例子，展示出人們怎樣嘗試控制自己的世界。諾厄相信自己是個基督徒，但事實上他是個股票分析員。他的工作，是他得著人生意義的根源。他所熱愛的，是搜羅資訊，以助他達成不敗的交易。他完完全全地投入那些讓他感到自己對人生有權力和控制的事。他花大量時間徘徊於互聯網上搜索資料，閱讀關乎自己專業範疇的報告。他喜歡這種競逐的生活。他喜歡贏取別人的認同。

諾厄定時上查經班，不是因為他想學習聖經，而是因為他想取悅妻子，以及做一些「正確」的事。他認同大部分信徒的價值觀，因為站在大多數人意見的一方，總比承受跟自己價值觀有分歧的人的批判輕鬆、舒適一點。再者，以這個模式過活似乎對諾厄很奏效，他不用思考那些困擾他的問題，反之，他有接觸信仰，知道自己將來可進入天國，所以就將自己的才幹盡都施展在現實世界的任務上——在職場上打仗。

諾厄避開那些令自己不舒服的事情。跟很多人一樣，諾厄已經找到一個自己專長的範疇，而且在那裏奉獻自己醒著時的心思意念和精力。結果，他避開了家庭與各方面的人際關係。當不在工作上打仗時，他喜歡睡覺。在睡夢中，他無須做任何事情，而人生仍過得好好的，至少某程度上還可以的。即使是睡覺，對諾厄而言也是一個控制自己世界的方法。

控制是一件壞事嗎？

不僅是諾厄，我們大部分人都活在一個錯誤觀念中，認為自己須要有能力控制自己的人生，因此我們更努力工作，更有效率地計劃未來。那是壞事嗎？

不是，控制不一定是件壞事。反之，聖經也鼓勵我們在某幾方面運用一下控制能力。

例如，箴言鼓勵我們計劃將來。我們動用精神力量去計劃，以求能控制將要發生在我們身上的事情。按照箴言所說，計劃從來都不準確，而且常常充滿風險，但不做好計劃，就肯定是不負責任的表現。「不先商議，所謀無效；謀士眾多，所謀乃成。」（箴十五 22）再者，當我們將計劃託付於主，祂就會祝福那些計劃，「你所做的，要交託耶和華，你所謀的，就必成立」（箴十六 3）。

神想我們計劃。祂想我們思考一下自己做的事所帶來的結果。總而言之，人如果沒有先見之明，又沒有能力改變將來，決不能成大事。

聖經叫我們要管束和控制的，不僅是自己的生活，還有那些我們所照顧關心的對象的生活。箴言提醒我們：「管教你的兒子，他就使你得安息，也必使你心裏喜樂。」(箴二十九 17)

更重要的是，聖經極力主張，智慧就是撥亂反正的方法。我們從創世記得知，人墮落以後，混亂就鋪設在我們的世界裏。要這種亂局得到控制，我們需要智慧。幫助我們走出混亂，正正是舊約智慧書的主旨。

聖經智慧建基於一個前設上，這前設就是，創造來自一套隱藏了的秩序。神創造世界；那不是偶然隨機的事。某些特定原因會產生某種特定效果。假如我走到妻子面前抱著她，我的行動就會產生一種令我快樂滿足的效果。但如果我以很嚴苛的口吻跟她說話，便會產生一種截然不同的負面效果。不同的說話、不同的行為，都會產生不同的效果。

那麼，在某程度上，聖經認為我們可以控制別人如何回應我們。例如，當我們遇上一個愚昧人時，我們須要知道他是哪一類愚昧人。他是獲得認同，得到別人回應之後，會表現得更愚昧那種嗎？還是，他是沒人回應就會自以為正確那種(箴二十六 4～5)？只要我們判斷好了，就可以給予最合宜

的回應。「一句話説得合宜，就如金蘋果在銀網子裏。」（箴二十五 11）

因此，聖經所記載運用智慧的方法，似乎也贊同我們渴望控制事物的想法。假如那是真的話，按照邏輯，我們下一步就是掌握智慧，學習箴言這類書卷所教導的大原則，然後直接在現實生活中適當的場合裏應用出來。畢竟，箴言這卷書看起來正正就是一連串發人深省的説話，教導我們應當如何活出人生。這是一本神賜的勵志自助書籍，能帶我們走出人際關係的亂局，走出人生路上的各種掙扎。這卷書提供一種良性的、有益的控制。

但問題是，不是我們嘗試控制自己人生的所有方法都有益。這一點我們在聖經上也清清楚楚地看得見。

亞伯拉罕：急於取得控制

在創世記十二章，神給予亞伯拉罕一系列的應許，以引導他的將來（1～3 節）。這些應許包含了一個事實，這事實就是，他將要成為大國的始祖，一個將會祝福全世界的特別人物。不過，為了實現那個應許，亞伯拉罕需要一個兒子。可是，他和妻子撒拉並無子女，而且年紀都漸漸老邁。

亞伯拉罕等待，但甚麼都沒有發生。他開始懷疑到底神會否遵守承諾。亞伯拉罕沒有懷疑神的存在，但他覺得自己須要做一些事情，才能成就這些應許。所以亞伯拉罕將事情控制在自己手裏。首先，他收養他的家僕以利以謝，作為他的後嗣（創十五2）。之後，他納妻子的使女夏甲為妾，並跟她生了一個兒子。

這一切事都符合當時的社會規範。但神已經特別聲明，祂會透過亞伯拉罕和撒拉的結合，賜下所應許的後嗣。當亞伯拉罕心生疑惑，就耐心地反覆思考著這個應許。

但亞伯拉罕仍不相信神。他愈是急於取得控制，愈是給自己帶來麻煩。他所作的努力，最終帶來家庭糾紛——尤其是撒拉與夏甲之間的持續敵對關係——這是人所共知的。事實上，每當我們想到夏甲的兒子以實瑪利成為阿拉伯民族之父，而撒拉的兒子以撒則成為現今猶太民族之父，就可以看得到，亞伯拉罕抓狂地試圖得著控制而帶來的混亂有多嚴重。

我們無法駕馭人生

我們跟亞伯拉罕沒有甚麼分別。我們碰到困難或障礙時，都會傾向爭取控制權，嘗試改變局面。不過，似乎在絕大部分時間，神總是另有想法。

我和艾倫德合寫這本書時，也試過在控制範圍的問題上掙扎。我們在丹佛（Denver）花了一天時間計劃我們的寫作時間表——不單為了手頭上這本書，也為了未來十年的著作而準備。

我離開艾倫德的居所，返回自己在費城（Philadelphia）的家時，我的目標很清晰，知道自己要做甚麼，才能完成寫好這本書的任務。一切準備就緒，我懷著興奮的心情，期待開始工作。我覺得自己有「自主權」，自己的工作和人生都在控制之中。

我從機場回到家裏，與家人享受了一個輕鬆的晚上，然後上牀睡覺，期待著翌日的工作。零晨三時，電話響起，是妻子的繼母打來，她抽泣著說：「朗文，比爾（Bill）剛剛死了！」我呆了好一會兒，才能反應過來，意識到是岳父剛剛過身。

一通電話改變了我們接下來數星期的生活。我的寫作時間表、我試圖控制自己人生的計劃，都嚴重受阻。

或許你也有類似的經歷。病患、經濟不景氣、別人的決定，以及許多其他事情都可以破壞我們周密部署的計劃。這類事件提醒我們，我們不能夠真真正正地控制自己的人生。但這樣並沒有阻止我們消耗大量精力，來保持人生有秩序的這個假象。

試想想諾厄。他清楚自己所做的事。而儘管他在工作上打不贏一場小仗，他仍相信自己日後會在大戰中獲勝。他做足準備，策劃好如何取勝，而某程度上，他能夠維持一切都在控制之中。不過，只是在某程度上——車子被拖走一事提醒了他。

雖然我們得到一定程度的控制權，但若要同時兼顧所有事情，就不見得比捕風更可行。那正是傳道書裏其中一個重要教導——神在我們人生中安排了有序和無序的時令，我們必須要順服。

傳道者質疑神的秩序

那個自稱傳道者的人在傳道書中發表了一段長篇論説。在這卷書裏，大部分時間都是他在説話（傳一 12～十二 8）。而他的話由另一個智慧人所鋪排，這個智慧人為了他的兒子——也為了我們，即他的讀者，仔細檢視傳道者的想法（一 1～11，十二 9～14）。傳道者從「日光之下」的觀點角度看人生，即是單單從人的觀點角度看人生（一 9、14，二 17，五 18），恰恰跟神永恆不朽、全知全能的觀點角度相反。傳道者一番言論所帶出的主要信息是，人生都是虛空，人致力爭取控制權也是徒然的。

傳道者對人生的看法往往會令我們感到又震驚又不安，

不過，如果我們撫心自問，也不得不承認他所提出的，都是如實地反應了我們自己的想法。我們時時刻刻都對人生感到灰心失意，因為我們都堅信，神是因為控制不了，才留下這個爛攤子給我們。

傳道者相信，神已經為一切事物安排了適合的時機。在聖經裏，有關控制和秩序其一段最為觸動人心的文字（傳三1～8），傳道者分享了這個觀點：

凡事都有定期，
　　天下萬務都有定時。
生有時，死有時；
　　栽種有時，拔出所栽種的也有時；
殺戮有時，醫治有時；
　　拆毀有時，建造有時；
哭有時，笑有時；
　　哀慟有時，跳舞有時；
拋擲石頭有時，堆聚石頭有時；
　　懷抱有時，不懷抱有時；
尋找有時，失落有時；
　　保守有時，捨棄有時；

撕裂有時，縫補有時；

靜默有時，言語有時；

喜愛有時，恨惡有時；

爭戰有時，和好有時。

這些說話讓我們感到安慰，是嗎？這些都提醒我們，一切事物都有定時。

可是，傳道者說這一點正是諷刺所在。無可否認，神為萬物定下了時間。他創造一切事物，各按其時，這是美好可喜的，但我們沒可能知道那個時間表！我們就是無法確定自己的一言一行在某個情況下是否正確。

緊接那首關於定時的詩，傳道者又提出一些令人不安的問題。

這樣看來，做事的人在他的勞碌上有甚麼益處呢？我見神叫世人勞苦，使他們在其中受經練。神造萬物，各按其時成為美好，又將永生安置在世人心裏。然而，神從始至終的作為，人不能參透。（傳三 9～11）

神創造了一個有秩序的世界，而我們則渴望能夠了解那種秩序。可是，傳道者告訴我們，這種知識是超乎我們所能理解的，所以我們就感到極度沮喪。

> 我專心求智慧，要看世上所做的事。（有晝夜不睡覺不合眼的。）我就看明神一切的作為，知道人查不出日光之下所做的事；任憑他費多少力尋查，都查不出來，就是智慧人雖想知道，也是查不出來。（傳八16～17）

傳道者的話觸及到關乎現實世界的敏感話題：世界被挫折操縱。有正確的做事方法，但我們永遠不會百分之百知道究竟是甚麼方法。有令人生過得好好的方法，但我們永遠不會做得對。無論我們怎樣嘗試，也永遠不能控制到自己的世界。這樣看來，大概就好像神在問我們飢餓的心靈，我們想吃些甚麼，然後去準備食物，再放在無法穿透的玻璃牆後面。

服在虛空之下

在新約聖經中，使徒保羅也講述同樣的事實：「因為受造之物服在虛空之下，不是自己願意，乃是因那叫他如此的。但受造之物仍然指望脫離敗壞的轄制，得享神兒女自由的榮

耀。」（羅八 20～21）

保羅用來表達「虛空」的詞，正正是《七十士譯本》（Septuagint，舊約聖經的希臘文譯本）用以表達「虛空」的同一個希臘文詞語，而「虛空」亦正正是傳道書經常出現的。在一些英文譯本中，這個詞語譯作「虛幻」（vanity）或「徒勞」（futility）。保羅在羅馬書八章間接提及傳道書，可見他也察覺到，神會故意令我們感到沮喪。他肯定了在人生中沒有任何的工作，能讓人類以為他們回到了伊甸園的家。

諾厄體會到那個實況。雖然基本上他覺得自己掌管著自己的人生，但有些時候，內心仍然會有不踏實的感覺，令他感到痛苦。一方面，他不喜歡當專家——當專家即是代表，為了表現得完美無瑕而承受壓力。另一方面，他不喜歡僅僅當個平凡普通的人——做凡人，一般是指，要活在無人讚賞、無人尊重的人生中。

內在的不安情緒可能正表示人生缺乏控制，但在大部分情況下，諾厄只無視這種不安。當陷入混亂局面之時，他便採取積極的行動，使自己適應，並重新取回控制權。交通緩慢時，他切換線道。公司的年青職員佔用了他的停車位，他就利用這個時機，增加對下屬的控制。

可是，儘管我們耗費很多力氣，使勁地從混亂中取得控制，神也不會成全我們去做那些會阻隔我們和祂的事情。祂主動為我們的人生精心安排，以致我們不斷接觸到大大小小的混亂情況——而且提醒我們，人生並不在自己的控制之中。諾厄也體會到這一點。車子被拖走，提醒了他，人生是不可駕馭的。神掌控著世界，所以諾厄不真實的安全感脆弱得不堪一擊，並他自以為能夠控制得到的，甚至連他人生中自動運作的部分，都給顛覆過來。

可惜，基督徒常常忽略神製造的混亂，而將之歸咎於撒但的攻擊，或者純粹認為人生就是如此。我們也太急於掩飾自己沮喪的心情，而說一些諸如「嗯，或許我不知道將會發生甚麼事，但至少神知道！」之類的話。

我們以為神會照顧那些跟隨祂的人，覺得某些說話很中聽，例如「耶和華不使義人受飢餓」（箴十 3），而不是那些教人難過——卻真確——的言論，如傳道者所言：

> 快跑的未必能贏，力戰的未必得勝⋯⋯原來人也不知道自己的定期。魚被惡網圈住，鳥被網羅捉住，禍患忽然臨到的時候，世人陷在其中也是如此。（傳九 11～12）

縱使傳道者知道，神會在人死後的世界將一切事情撥亂反正，他也不感到安慰。當他仔細研究將來的事時，就呼喊著說：

> 我將這一切事放在心上，詳細考究，就知道義人和智慧人，並他們的作為都在神手中；或是愛，或是恨，都在他們的前面，人不能知道。凡臨到眾人的事都是一樣：義人和惡人都遭遇一樣的事；好人，潔淨人和不潔淨人，獻祭的與不獻祭的，也是一樣。（傳九1～2）

難怪傳道者一而再，再而三地斷定，人生「都是捕風」（傳一14，以及不少其他章節）。如果我們留心一點，也很容易得出這個結論。即使我們努力嘗試，仍只能覺得自己在黑暗中摸索，最終亦得不到成功。

現代人耗費大量體力、情感和精力，嘗試控制自己的計劃表、工作和人際關係。我們以為人生缺乏控制的解決辦法，就是尋找新規律、新守則、新方法、新「法則」來做事。我們覺得，只要有了正確的規律，就能控制混亂的局面。

但我們的經驗和傳道者的觀察，都否定了這種假設。我們須要從抓狂地追求控制權，轉為運用一些較奏效的辦法。在日光之下，我們追求控制權，卻發現這跟捕風一樣困難。可是，我們可以選擇將自己的觀點角度由「日光之下」移到「日光之上」。

讓我們花一點時間，理解一下這個在傳道書中起關鍵作用的專門術語。我們已經留意到，傳道者運用「日光之下」這個字眼來形容在地上、在神以外的人生和觀點角度。傳道者自己從沒有用這個詞語的反義詞，這個反義詞只是我們造出來，以便解釋相反的觀點角度。換言之，既然傳道者不停地尋找人生意義和真理，而且已經搜尋得非常徹底，我們便應該改變一下，透過神在聖經中所默示的，從神的觀點角度看人生。

我們如何將目光由「日光之下」移到「日光之上」呢？如第二個智慧人跟他的兒子所說的（以及在諾厄上查經班時，傑克大聲朗讀出來的），答案就是僅僅如此「敬畏神，謹守他的誡命」（傳十二 13）。將神放在自己生命的首位。若想得著人生意義和目標，就要從神的角度看現實世界，而非用自己狹隘的目光去看。

透過信靠而得救贖

我們處理人生亂糟糟的困境時，一般的策略是尋求控制亂局的能力。我們嘗試取得世上的權力，從而設立一個有效的平台來管理自己的生活。

權力令我們想到政治家和銀行家，而我們大多數人都沒有那種影響力。不過，權力來自分階段的變化。我們可能都體驗過，在家裏有權力鬥爭時，我們會設法保持孩子跟自己站在同一陣線，或者避免我們的父母牽涉其中。我們可能透過在醫院當義工，或競選公職，在自己社區尋求權力。我們又可能透過攀上企業的晉升階梯，在工作上尋求權力，設法擠身領導層，能吩咐別人做事，而不是聽別人吩咐自己做事。

權力——無論是地位、才能、事業，還是身分所帶來的權力——應該都會令我們更覺得一切在控制之中。但我們已經知道，這並非事實。我們永遠不能駕馭人生。就如傳道者觀察後，語中帶悲傷地提到：「彎曲的，不能變直；缺少的，不能足數。」(傳一 15)

當中教人難以理解的是，是神安排這轉折和有欠缺的情況，「你要察看神的作為；因神使為曲的，誰能變為直呢？遇亨通的日子你當喜樂；遭患難的日子你當思想；因為神使這兩樣並列，為的是叫人查不出身後有甚麼事」(傳七 13～14)。

所以，權力並不帶來控制，而當我們明瞭到這一點，就會感到失望。我們開始感到人生是毫無意義的。我們失去了生命力。結果，我們往往就放棄嘗試以任何有益的方法控制人生。我們敷敷衍衍、毫不熱中地過活，讓事情支配著我們，而不是我們支配著事情。

這就是僅有的兩個選擇嗎？我們的生活模式是否一定要二擇其一；要麼絕望地急於取得控制，要麼了無生氣地向亂糟糟的世界投降？

亞伯拉罕：接受祝福

讓我們再花點時間，回到亞伯拉罕身上。我們已經見到他對自己與神的關係產生疑惑而掙扎，又見到他為了抓緊那些他生命中的重要應許，而不適當地嘗試把事情控制在自己手中。

可是，一路上亞伯拉罕碰到一些事情，這些事情帶他從屬世的生活掙扎（日光之下），轉移到敬畏神（日光之上）。這種轉變並非一朝一夕的事。他長久以來期盼的事——以撒的出生，這件事肯定對他有影響，因為這表明了，神的恩典讓亞伯拉罕跨越很多人生障礙。不過，從創世記二十二章所提及的，把以撒「獻為燔祭」一事，亞伯拉罕的轉變就顯而易見了。

所應許的後嗣出生了，神要求亞伯拉罕做一件令人意想不到的事，就是帶這個兒子上摩利亞山，把他獻為燔祭。我們不知道亞伯拉罕對這些命令有何想法；或者，他很生氣、很困惑、很害怕，但我們確實看到他的行動：服從。他帶以撒上山，假如神沒有阻止他，提供代替以撒獻祭的羊羔，他肯定會按照神的指示而行。

亞伯拉罕的態度已經由焦慮不安地追求控制能力，轉為信靠神。他不再嘗試依賴自己的能力過活。相反，亞伯拉罕承認自己的軟弱，對神愈加信靠。他得著人生的意義和平安，並不是靠追求權力，而是降服和信賴神。

請留意，原來傳道書也有同樣的信息。傳道者因著不能控制自己的人生而感到擔憂。他不能從過去中學習；他不知道當下要怎樣做；他對將來一無所知，感到害怕，而且畏懼得不知所措。

但那第二個不知其名的智慧人，在最後倒提出了一個紓憂解困的妙計。他告訴兒子，不要畏懼自己無知，控制能力不足；反之，要「敬畏神」。把自己的軟弱和憂慮都交託給那一位真正的掌控者，你的天父。

基督：透過順服而得權力

我們一般都忽略了，基督面對十字架時心中的那份痛苦，而往往以為祂從一開首就懷著勇氣面對自己的死亡。可是，就在祂被捉拿之前，曾形容自己的心靈「甚是憂傷，幾乎要死」(太二十六 38)。路加福音則形容基督的心情「極其傷痛⋯⋯汗珠如大血點滴在地上」(二十二 44)。

基督懇切地央求將苦杯從祂身上拿走。祂真的不想走上十字架。但縱使基督不想，也從來沒有反抗祂父的意旨。反而，祂順服於父前，說道：「這杯若不能離開我，必要我喝，就願你的意旨成全。」(太二十六 42)

神的意旨帶耶穌走上十字架，一個充滿痛楚、羞辱和死亡之地。不過，這是惟一的途徑，來成就復活，一件關乎榮耀、勝利和生命的大事。

在混亂又充滿敵意的世界裏，耶穌就是將通往人生意義的路徑展示給我們的那一位，而這路徑是充滿矛盾的。在福音書裏，有一個說法看似很矛盾：軟弱中得著力量，信靠中得著控制，順服中得著權力。

諾厄努力奮鬥，要擺脫這種矛盾的說法。他不是不相信，但他選擇人生不跟基督在客西馬尼園的掙扎，或與保羅肉體上的那根刺扯上任何關係。而我們也是一樣。不過，神利用人生的挫敗和關係的破裂，迫使我們將目光放遠，遠超於我們所能控制的事，望向那控制一切事物的神，以圖說服我們歸向祂。當我們由控制轉為順服時，便是從在日光之下捕風，轉為在日光之上親近神。

日光之上有目標的人生

在日光之上，我們就可斷定日光之下的人生，並不是為了讓人可以平平穩穩地過活而設的。人生的道路崎嶇不平，障礙重重——無人能例外。這是墮落之後所留給世人的狀況（創3章）。在世的人生是無人可駕馭的，沒有人能控制人生。

然而，恰恰在那些無人可駕馭的人生轉折處，我們竟然遇見神。我們發覺自己不得不順服於祂的智慧，往往不是在那些覺得自己很強，一切在控制之中的時候，反是當人生偏離本來預計的航道，而我們知道自己不能作甚麼的時候。這些時刻提醒我們，我們沒有能力控制自己的世界。不過，我們能夠控制的是，身處混亂一片的景況時，我們尋求神的旨意。

當留意到神在我們生命中作工，我們就能看見即使怎樣侵擾壓倒我們，甚至似乎是不幸的，也是祂帶動我們走向美好的方式。這裏所提及的順服，並不是指一種懦弱的行為，而是一種期望，以成就羅馬書八章28節所講述的事：「萬事都互相效力，叫愛神的人得益處，就是按他旨意被召的人。」

當我們身處看似混亂一片的局面時，調整眼光望向神，我們就能夠肯定，人生雖然無人可駕馭，卻是有目標的——只要我們順服於神的控制和權力之下。順服不代表我們能省點力氣，卻是令我們減少緊張不安的力氣。我們能夠懷著信心活下去，並不是我們能靠自己的能力駕馭人生，而是我們扎根於那一位創造者的大能和權力之中。

再細心看看

請閱讀傳道書九章 1 至 12 節。

1. 你認同際遇有時候更勝技術或者才能嗎？
2. 你是否也覺得人生好像一個「網」（傳九 12）？
3. 這段經文對我們控制人生的能力有甚麼看法？
4. 當能力和技術似乎都輸給際遇時，這段經文會怎樣影響你的人生觀呢？

我們怎樣追求權力？

1. 你覺得自己能控制人生中哪些部分？你又希望自己在哪方面能控制得更好？
2. 你須要犧牲甚麼來維持自己生命中的秩序？時間？人際關係？閒暇的空間？
3. 當你覺得有些事物超出自己的權力範圍時，你會有何感受？
4. 「神的權能」在你的日常生活中有任何實質價值嗎？請描述一下你從何得見祂的權能，以及祂如何影響你的權力。
5. 你和你的家庭如何計劃你們的日程、你們的年月、你們的人生？

6. 將自己的人生交到神面前，順服於祂，對你有甚麼意義？那種順服對你計劃人生又有甚麼意義？
7. 當最終發覺到人生是不可駕馭的時候，你是否也感到恐慌？
8. 在你感到恐慌或無助之際，聖經中甚麼經文會帶給你盼望？

2. 追求人際關係
人際關係給我滿足感

諾厄凝望著車窗外。街燈一閃一閃，照射出來的亮光，足夠讓他瞥見前座的傑克和馬西婭那和藹可親的臉容。他們輕鬆自在的閒談，令諾厄感到這次搭便車更是丟臉。然後，傑克進一步把整件事弄得更糟。

他說：「既然我已經將你關在車上，就讓我問問你，對傳道書有甚麼想法。」

諾厄對傳道書的想法少於零，但他卻沒有打算承認。他拙口笨舌地說：「嗯，這卷書關於虛空的那一點，看來蠻準確的。我這天本來過得好好的，但之後卻被一些傻瓜破壞了。現在，倒不如讓我再冒昧一點，向大家直言，我還欠三十塊錢才足夠付清罰款，取回我的車。我們可否駛到自動提款機之類的東西附近停一下呢？」

傑克微笑道：「不用了，我會借給你的。放鬆一點吧。我敢說你是個不輕易請求別人幫助的人，不過這沒關係。我們很樂意出手相助。」

瓊把身子靠前，說：「你說得一點也沒錯呢。諾厄從不求人……」她一發覺自己已經說得太多，諾厄會因此感到不悅，她的聲線就漸漸減弱了。

可是，諾厄根本沒有在聽。當馬西婭轉臉跟大家說話時，他就望著她的眼睛——她的眼睛在黑暗中也是閃爍不停的。她的聲音令整輛車子都充滿了一種溫暖、鎮靜的安心感覺。諾厄發覺自己一直凝視著她，便往後靠在座位上。他向來為人謹慎——是個保守的男人，是道德倫理的模範。但馬西婭和瓊之間的對比令他感到很懊惱，心頭一緊。他不想瓊變得活潑、變得動人；他喜歡她呆呆板板、平平庸庸的。不過，馬西婭的出現令他感到被一股對激情的慾望所吸引著，而這種慾望他一般只容許自己在工作上才可以感受得到的。他應當小心一點了。

「嘿，諾厄，你今晚似乎滿懷心事的。是否介意講一下你在想甚麼呢？」傑克再次回復到那種很認真、很關懷他人的小組領袖狀態。諾厄知道自己不能繼續託詞狡辯來迴避問題。

諾厄開口回應：「我，嗯，今天有點魂不守舍。我們開了一個很重要的會議，是關於重點股票投資的事。我跟大部分四肢發達、頭腦簡單的高層敵對，各執一辭。若要爭取到行政總裁的垂青，對我來說，這是一場蠻重要的保衛戰。然後我，呃，打輸了這場仗，不過我認為，只要我的直覺是準確的話，我已經贏了。」

傑克駛到交通燈前停下來，從倒後鏡望著諾厄。「諾厄，我認識了你多少年呢？」他又自己回答說：「大約三年兩個月了，如果我沒記錯的話。」諾厄在倒後鏡中跟傑克的目光相遇；他就是討厭傑克這副甚少出錯的樣子。

傑克繼續說：「看，超過三年，我從未聽過你這樣講及工作上的事。你向來說話都是輕描淡寫的；儘量少談及自己工作上的任何事情。因此我想，你所說有關股票的工具，都是你真正思考著的東西，不過你卻選擇藏於自己心底。」

諾厄很慶幸四周漆黑一片，可以把他漲紅了的臉掩藏起來。他覺得自己被人家看穿了。一時間，他感到很可怕，甚至懷疑自己對馬西婭的狂妄之想、對瓊的蔑視都已經被人發現了。但是，他很快回復鎮靜。「那麼，你現在是精神科醫生，還是律師？」

傑克沒有直接回應他，卻說：「我長大後真正想做的，倒是神學家。不過當然啦，我也喜歡與人在瑣事上爭論，而從中又確實能賺一點錢的。」

二人齊聲大笑，車裏的緊張氣氛緩和下來。街上的光與影輕快地劃過他們的臉。

傑克又再次開始説：「我知道我一直沉迷著傳道書，但至今這卷書吸引著我的，是它如何衝擊著我們每一個觀看世界的想法。我自以為自己了解的，比實際上我真正了解的多。而某程度上，我認為只要我了解得更多，就能夠令我的世界好好的運作起來。某程度上，那些假設甚至蓋過了我自己對所有人際關係的假設。例如，諾厄，我以為我了解你，因為我們彼此已經來往了好幾年，但原來這並非事實。我的確不是那麼了解你。」

「我不是甚麼神祕人吧，傑克。不過我想，我比自己所察覺到的更孤僻。我想，正如我們大部分人一樣，自己是最不了解自己的。但我不認為自己真的那麼難以被人了解。又或許，我真是如此吧。」

諾厄打了個呵欠。他很緊張要如何度過今晚餘下的時間。他很擔心自己會忍不住睡著。可是，瓊看來精神奕奕的。她身子靠前，開始説話：「他常常都是這樣待我的。他不會真真正正回應問題，起碼不會正面直接回應。結果我得説個笑話自圓其説，就好似你剛剛那樣呢，傑克。又或者，我只是凝望出窗外，覺得那都是自己的錯，怪自己不夠聰明去問正確的問題。」

接下來的沉默懸在空氣中，久久不散，看來甚至沒有人想呼吸，更何況要說回應瓊的說話。後面傳來一下不耐煩的汽車喇叭聲，傑克踏一踏油門，車子猛然開動。綠燈早已亮起來了。

諾厄轉而望向他的妻子。他的眼睛時而瞇緊，一副怒火中燒的模樣，時而睜大，一臉難以置信的神情。他從未聽過瓊如此準確地描述他如何抗拒談及自己的事。瓊沒有望向諾厄。她一直眼望前方，凝視著遠處，再次開聲說話，而沒有指明對象。「我覺得諾厄是樂於獨處的。他喜歡叫人無法看透自己。」

如果一個人能夠從車子座位上倒下來的話，諾厄大概已經掉在地上了。他從未聽過妻子說**無法看透**這般的詞語。他開始心跳加速；他怕自己一開口說話，就會顯露出心裏的驚慌。但若然他不打斷瓊的獨白，她可能會說出一些話，是本應最好保留在那個美好的真空狀態中的，而那個真空狀態，他一直認為，就是形成妻子內心世界的元素。

在任何人能開聲之前，諾厄插話，說：「喂，各位。就在這裏我們討論得愈來愈像心理學專家之前，請不要忘記我們剛剛被人拖走了車子。所以我心情不好，不想說話。這並沒甚麼大不了。」

「但這是事實呀，諾厄，」瓊輕聲地說：「我們已經結婚十九年了，但我卻仍不了解你大部分時間在想些甚麼。我很感謝傑克如此一問，而我也知道你想終止這個話題，但我就是不想。」

車裏充滿了耀眼的閃光。原來此時，車子已經駛到一個發光的指示牌下面，而這個指示牌表示他們已經來到拖車服務的車場。就在這短暫的曝光之下，車裏所有人都別過臉來，惟獨瓊例外。

傑克從入口通道駛入停車處。瓊放輕鬆地坐著，臉上劃過一絲微笑。傑克轉過頭來，說：「我知道你倆都累了，不過也感謝你們讓我問了好些問題。我們很喜歡你們，所以也很想再了解你們多一點。」

諾厄困在後座逃不了，又不曉得應該如何回應傑克的話。他對妻子極度憤怒，卻又不能在這場合任意地放聲喝罵她。再者，他對瓊所說的話亦感到異常驚訝。他想像不到原來她一直覺得被人冷落。

「好吧，傑克，」他勉強地開口說話：「我想，這樣比我今晚開始上查經班時所想的，可說是一次更活生生的學習。謝謝你載我們來到這裏，還借我們那些錢。下次見面時，我會還給你的了。」

傑克和馬西婭打開自己身旁的車門，拉前椅背，讓諾厄和瓊從後座鑽出來。傑克伸手向後，抓住諾厄的手，急速有力地一把拉他出來，令諾厄覺得自己好像被傑克的手控制著的小孩。傑克微微一笑，二人握手道別。馬西婭跟瓊也互相擁抱。

接下來的幾分鐘所發生的事都很模糊。他們交罰款給一個頭髮又長又油膩的大漢，然後在一個又寬闊又陰暗的停車場上找回他們的車子。他們一坐上他們的奧迪，諾厄已經在計算要花多少分鐘才回到家、聽完電話留言、覆完他的電郵、然後才上牀睡覺。但是，他們一坐好，諾厄就望向瓊，說：「老婆，我可不懂欣賞，你突如其來幫我做的小小心理分析。我不希望再有下一次。沒有下次。明不明白？」

瓊不敢看他。「很對不起，諾厄，」她說：「我是受到一些刺激才會心直口快起來。我想，我一直當他們是朋友，而且他們又那麼友善。上查經班時，我又想到，很多時候我只是為了保持我們的生活在控制之中，所以沒有提出任何批評，也沒有要求你或其他人做些甚麼。不管怎樣說，我只是說漏嘴而已。」

「嗯，下次不要再這樣了。」他厲聲說。「你最曉得在任何人面前大談我們生活上的事。」他用力按開收音機，開始倒車離開停車處。

諾厄不再跟她說話。

他不會**望**向她。他只會雙眼直望前方。

瓊悲傷地倚著身旁的車門，不堪回想的記憶衝擊著她。那年她九歲，在第二次鋼琴獨奏會之後，她等待她怒氣沖沖的爸爸手忙腳亂地找鑰匙開車門，讓她上車。然後，隨著回憶迅速倒帶，來到剛剛輪到她演奏的時刻。當時她正走上台，往鋼琴的長凳去。

她走到台中，坐在鋪了軟墊的琴凳上，雙手放在琴鍵上。她稍稍停頓了一下，就如老師所教的那樣做。然後，她開始彈奏。但彈了數小節後，她發覺自己在彈的不是之前所學的那首。另一首音樂，不斷地在她的腦海裏迴盪著，不斷地擾亂她的思路和手的動作。曲子彈到一半時，那音樂的音量在腦海裏一下子增強起來，然後她靜了下來。音樂的巨響在腦海中震動，嚇呆了她。

她停了下來，凝望自己雙手。這雙手不會彈的了。突然間，她留意到整個禮堂充滿著一個個面孔，也留意到觀眾驚訝得倒抽了一口氣。

她記不起樂曲的餘下部分。她雙手離開琴鍵，然後又放回去準備彈奏的位置。她努力地集中注意力，再從頭彈奏起來。可是，這次她只能聽到腦海裏盡都是爸爸狂怒的聲音。

多年來在講壇上的工作令他的肺部功能發展得十分健全。瓊早已聽過他在餐桌前、在車上、或者送她上牀睡覺之前，無數次的大叫大嚷。過了一段時間，她已經學會從他的憤怒中自我抽離。當他的嘴唇開開合合，脹鼓鼓的臉因盛怒而顫抖時，她會讓自己飄浮到另一個世界裏，而在那裏，她只聽到柔和的古典音樂，就是昔日她媽媽於爸爸不在家時所聽的古典音樂。

瓊喜歡那個脫離現實世界的音樂空間，那裏是很安全的空間；沒有大吵大嚷的聲音，沒有其他人能進入。她現在就想到那裏去。可是如今，所有聲音都混作一團。

瓊坐在鋼琴前，聽著爸爸在她腦海裏大聲呼喝，她的手指再次彈奏起來，彈到第一次停下來的小節，然後，雙手又停下來了。她無法記起任何一個在這小節以後的音符。

她停了下來，但這次她卻轉而面向觀眾，微微一笑，再聳一聳肩。接著，奇妙的事情發生了。台下的觀眾——一直安靜地、投入地、緊張地等待她順利演奏完畢——立時舒了一口氣，開始為她鼓起掌來。老師衝上台，把琴譜放在瓊面前，這正是她所需要的東西。她幾乎沒看琴譜，而且還為這首曲彈出一個活潑生動的結尾。她更加了幾個原曲沒有的小節作收結。

她走回台下的前排座位時，聽到觀眾的掌聲，還有當中一個較年長的男人發出在體育比賽中常有的喝采聲。一部分的她陶醉於歡呼聲中，亦有一部分的她感到極度害怕，想要離開舞台。因為她知道自己得付上代價——她彈錯了，令爸爸丟臉，更甚的是她獲得的掌聲，多過爸爸講道時獲得的掌聲。

她在人潮中找到爸爸媽媽，然後跟隨爸爸離開。他急急地走，其他人向他微笑，拍一拍肩膀，稱讚他的女兒有多可愛，他卻幾乎沒作任何回應。

瓊和爸爸媽媽隱沒在黑暗裏。爸爸的步伐愈來愈快，他們一個跟著一個的走——爸爸、媽媽和她自己——一直走到他們那輛上了年紀的雪佛蘭（Chevy）。

他找對了鑰匙，開了車門鎖之後，便將車門使勁一拉。他沒有說甚麼。他不能對她大吵大嚷，因為有些他教會裏的會眾在停車場裏，不過，她倒肯定，如果可以的話，他會動手打她。她盯著爸爸盛怒的臉孔後的遠處，努力地聽著那脫離現實世界的音樂。她的心思已經飄到那裏去了；遠離爸爸——來到安全的地方。

車門關上了，她在車裏坐好。收音機打開了。但瓊驚訝地發現自己不是在聽爸爸向來所聽的聖詩，她並不在爸爸的車裏。她坐在諾厄的奧迪上，而諾厄才剛轉到播放經典搖滾樂的電台。砰砰隆隆的結他聲把她帶回現實世界。

瓊瞥了諾厄一眼。他仍然凝望著前方。她知道他不會對她大叫，甚至不會問她半個問題。他會凝望著窗外，數著時間，直到他可以上牀睡覺。

她對自己微笑一下，回想那首她未彈完的獨奏曲。她很熟悉那首樂曲——假如她想的話，倒過來彈也可以。她呆著了，只是因為她還未決定是否應該按著樂譜彈奏……因為她聽到別的東西。不過，那真的很可怕嗎？

就在那個時候，瓊的心裏有些東西猛地一跳——叮的一聲，微弱但明確。那天她在傳道書裏讀過的字句，似乎跟她腦海裏的音樂互相和應。

凡事都是虛空……全然虛空……

她曾經不斷嘗試成為諾厄心目中的模樣——而每一次都失敗。她也沒法成為爸爸心目中的模樣。她被全家上下視作有點呆呆笨笨的兒童。但有可能、僅是有可能而已，她其實是個富音樂感的小孩，是個創意力強的小孩，能夠聽到其他空間的音樂，而不是大多數人所聽到的調子。

凡事都是虛空⋯⋯全然虛空⋯⋯

不過，如果人生意義正正是一些你沒法直接找到的東西，就如人生好比玩拼圖一樣，你只需要一點堅持？又或許，你需要其他東西——例如敏銳的觸覺；又或者，想像力。

瓊滿心盼望地想著，人生意義可能並不在於諾厄、爸爸，甚至乎傑克。諾厄和傑克互相戲謔、爸爸大發雷霆得脹起臉來，媽媽克盡本分地保持沉默——可能，這一切就是所謂虛空。可能，觀眾見到她聳聳肩的模樣覺得很可愛，報以意料之外的掌聲，盡展人間溫情的一面，就是反映出生命中有一些事物，比她自己一直以來忍受的所有虛偽美言，和所有勉強施予的鼓勵，更能帶來更美好的希望。

可能吧。但是，在那個孤獨的時刻，她不敢抱有半點希望。

偶像：「人際關係給我滿足感」

我們常常期望人際關係會帶給我們人生意義。我們盼望與朋友、家人，以及與工作上或學校裏的人保持親密的關係。可能我們都認為只要結了婚，或者只要有一個親密好友，人生就會變得更美好。人際關係能防止孤獨，而有些人會用盡辦法來贏取友情，來保持人際關係和諧。我們積極跟他人建立關係，甚至會演變成崇拜偶像一般，令人際關係成為我們人生中最重要的事情。

可是，我們愈渴望得著人際關係，人際關係便愈難求得和維繫，就如跟捕風一樣困難。

試想想諾厄和瓊的情況。諾厄在很多方面都能應付得綽綽有餘，可是，論到他的私人關係，他就表現失色了。有需要時，他會加入大夥兒，成為其中一員，但那道通往他心底的橋是封閉的。他的人生充滿著對成功的極大渴求，而且，他致力確保無人能看穿自己的內心世界。因此，他跟傑克爭論。他被馬西婭吸引，可卻沒有真的跟她建立關係。他俯就妻子。他認為這一切都沒有問題——直到瓊打破沉默，道出真相。

不少人際關係——包括那些已經經歷了許多年的關係——仍能維繫著，只是因為無人開口道出真相。我們保持沉默，繼續與別人生活，而且能幻想到彼此的關係是何等和諧，甚至乎親密。不過，一旦我們說老實話，揭穿當中的失望、傷痛或者慾望，一段關係的發展進程便會因而改變。人與人之間的緊張氣氛推至另一個層次——而這是大多數人都不希望發生的。大多數人都想要毫無爭執、毫無要求的關係。

諾厄對傳道書不是很感興趣，只是想確保別人不會覺得他是個慵懶的人，又或者是個對聖經一竅不通的人。查經班的內容沒有觸動到他的心靈，反是車子被拖走一事所帶來的不便，令他的情緒起了不少變化。他的心感覺不到妻子的孤獨，卻體會到他自己對和平、滿足感和快樂的渴求。他的心根本不會想到自己婚姻的真實情況，也不會想到自己內裏的真實情況。

然後，瓊不知不覺地翻開了黃蜂窩。她溫順善良，常常避免可能會惹來紛爭的人際交流，因為她不想再活在當年被爸爸情感虐待時所承受的那種悲傷、羞愧和憤怒之中。但是，就在這一個晚上，基於一些原因，她開口——她的坦誠直言，衝擊了他們的生活。

這是諾厄最不希望發生——卻又最需要的事情。正因為在人際關係中，尤其是最親密的友誼和婚姻之中，坦誠是當中的一大元素，對我們的生活會帶來最深遠的影響……而坦誠會把我們帶到真相的深深處，見到自己和神之間的關係的真實情況。

生活中不能缺少它們

記得大兒子第一年上克萊姆森大學（Clemson University）。在他的新宿舍裏，我們互相擁抱之後，我懷著激動的心情，跟太太離開回家去。我和雅麗都為我們的兒子感到驕傲，因為如今他能夠自立，能夠離開家裏，開拓屬於自己的人生。可是，失落的感覺亦幾乎叫我們無法招架。我們都知道我們的生活將會變得不一樣。

人際關係是讓我們順順利利地度過人生的關鍵。一如所有生物，人類也需要水、食物和棲身之所來生存。此外，我們還需要人與人之間的連繫。

請回想一下，當你曾關心你的親密好友、你的家人，他們也同樣地關心你的時候。又請回想一下，當你發覺自己孤立無援，身邊沒有人可以傾訴心事的灰暗時候。經歷前者時，人生看來似乎充滿生命力、很有趣、令人很興奮、值得繼續活下去的。經歷後者時，人生就似乎灰灰暗暗、令人很沮喪、很空虛的。

正因為人際關係如此重要，一旦錯失了這些關係便會帶來沉重的打擊。事實上，在西方社會，不少人會經歷到三件極具破壞力的事，那就是搬家、離婚，以及失去至親摯友。這三件事都不盡相同，但所帶來的後果卻是一樣的。人際關係上的分離能帶來創傷；無論是生命中意料之內的事，例如我們的兒子要搬入大學宿舍；又抑或是意料之外的事，例如被友人出賣。

人際關係顯然對我們很重要，就好像我們呼吸的空氣和所吃的食物，是不可或缺的。不過，人際關係也可以帶來我們最難解決的問題、最憂鬱的絕望。如果人際關係是通往人生意義的路徑，那會是一條很難走的路。

關係帶來的禮物：二人成為一體

我們渴望得著人際關係，而聖經告訴我們，我們如此是因為神。我們想深入了解他人和被他人了解的慾望，這不是甚麼離經叛道的事，也不是甚麼邪惡之念，反倒是神賜給人類的特質。

根據創世記一章和二章所記載，神原本造第一個人：亞當，是惟一的人類。他跟造物者的關係很密切，又能與世上一切神所創造的動物相處融洽。不過，神知道這樣並不足夠。創世記中，神承認了這一點，而且宣佈了祂的計劃：「那人獨居不好，我要為他造一個配偶幫助他。」(創二18)

祂果真造了！神造了夏娃，她能與亞當建立對等關係；她能跟他同工，將神巧妙的創造塑造成更趨完美的事物；她跟亞當很相似，但又有點差異，足以教二人可以窮盡一生的時間，探索彼此之間的差別，從而顯出當中的奧妙，展現其複雜又引人入勝的一面。

由此可見，儘管是在墮落之前，人想與他人建立親密關係的慾望也是合情合理的，而且這種親密關係亦非人神之間的親密連繫所能彌補的。有一個可算是荒謬絕倫、令人震驚的事實——原來是神令我們渴望跟祂以外的人建立關係。不過，這不是事實的全部——因為神顯然打算當二人維繫著健康、緊密關係的同時，也會繼續與祂連繫著。這種三向關係，位於我們最內在的心理線路圖上的核心部分：神、男人、女人。當任何一個連繫消失了，我們隨之便會感到心靈上的失落。

神賜予人類最備受注目的人際關係，按照創世記二章所記，是婚姻這份禮物。這是惟一一種專一不二的人類關係。我們可以有很多親戚、很多朋友，但只有一個配偶。再者，這是惟一一種能令兩個獨立分開的人聯合成為一體的關係。亞當在夏娃被創造出來的時候，也承認這一點，他大聲呼喊著說：「這是我骨中的骨，肉中的肉，可以稱她為『女人』，因為她是從『男人』身上取出來的。因此，人要離開父母，與妻子連合，二人成為一體。當時夫妻二人赤身露體，並不羞恥。」

（創二 23～25）

此外，聖經也清楚表明，這種特定的人類關係，正是以一種特殊的方式反映出我們跟神之間的關係（弗五 21～33）。婚姻和人神關係，兩者都是對對方專一不二的關係，而且極度脆弱。婚姻是我們與神的關係的寫照，沒有別的人類關係能做到這一點。

可是，婚姻並不是我們心靈裏惟一一種需要的人類關係。聖經提到，我們也非常需要其他人際連繫——親屬關係和友誼——來支撐著我們。我們的心都是由關係互相連繫著的；莫說要豐盛人生，單單是為了生存，我們也需要人與人之間的連繫來面對生命中的混亂局面。

事實上，人類最根本的本質，就是離不開那種由**你**、**我**和**我們**組成的三方關係。**我**自己一個人是永不足夠的。**你**和**我**——形成一對——就會接近一點我們當初被造時的樣式，但單是二人行而缺少任何其他人際關係，或者缺少任何目標的話，這段關係就會自自然然變質，或者失去當中的親密感覺。**我們**則是指至少有第三方加入，而第三方往往都是家人、朋友、圈子或者社羣。

不過，擁有這些人際關係還不足夠。我們仍須要把一切人類彼此之間的平行關係，跟至高無上的神縱向相聯起來。

首先，關係之所以如此重要，畢竟都是因為神。我們都記得，神的存在基本上是一種關係——父、子、聖靈，三者在深厚的愛與合一中緊密相連，直到永遠。而且，關係並不只是藏在神的心裏；關係更是宇宙最重要的根基。

畢竟，神沒必要創造宇宙的。同樣，祂絕對沒必要創造其他生命。可是，祂造了。祂創造了天上的生命，如大天使基路伯和撒拉弗，而更令人讚歎的是，祂按照自己的形象創造生命——祂創造了人類。祂創造這一切，全都是因為祂重視關係。

故此又再重申一次，渴望得著人際關係的慾望並不醜陋。這並不代表軟弱，反之，這是神造我們其中一個重要的部分。其實，對關係有恐懼，或者避免建立關係，都表示我們自身有問題。一切心理病病理都是跟逃避或操控關係的強烈慾望有關的。而且，封閉自守、拒絕人際關係的人，同樣也會拒絕神。

三股合成的繩子：友誼帶來的慰藉

即使是說話向來少有正面的傳道者，也認同人際關係蘊含深層的意義：

> 兩個人總比一個人好，因為二人勞碌同得美好的果效。若是跌倒，這人可以扶起他的同伴；若是孤身跌倒，沒有別人扶起他來，這人就有禍了。再者，二人同睡就都暖和，一人獨睡怎能暖和呢？有人攻勝孤身一人，若有二人便能敵擋他；三股合成的繩子不容易折斷。（傳四 9～12）

這幅圖畫描繪了人際關係帶來的祝福，在這之前的一段經文，是透過描寫一個人努力工作賺取財富，卻無親無朋的景況，顯出人間淒慘悲愴的本質。對傳道者而言，這個人正是反映出在世人生虛空徒勞的例子。

> 我又轉念，見日光之下有一件虛空的事：有人孤單無二，無子無兄，竟勞碌不息，眼目也不以錢財為足。他說：「我勞勞碌碌，刻苦自己，不享福樂，到底是為誰呢？」這也是虛空，是極重的勞苦。（傳四 7～8）

見到這個孤獨守財奴的景況，傳道者便將注意力轉移到同伴關係的益處。在這個冷酷無情、充滿敵意的世界，能夠有人分擔我們掙扎之苦，分擔我們的困難，是何等的祝福。再者，結尾那個關於三股合成的繩子的比喻也提出，兩個、三個甚或更多的同伴能帶來更大的益處。

大部分人詮釋傳道書時，都認為傳道者談及那個孤獨守財奴時，其實是在描述自己內心的掙扎。即是說，他那番關於友誼帶來祝福的言論中，包含了渴求和慾望。他希望自己一生中能擁有如此的同伴關係。

不過，我們覺得，縱使傳道者真的有很多朋友，他仍然會認為這些友誼價值有限。事實上，當我們再仔細一點看看傳道者所說的話，便會發現他的言論是在控訴他們的態度缺乏熱誠。按照傳道者所言，儘管結交朋友在這個世界上是有益的事，但朋友絕對不能帶來人生的終極意義。相反，即使找得到友誼，友誼也可以令我們不快。友誼也有其陰暗的一面。

人際關係中的陰暗面

創世記開首幾章是我們嘗試了解人際關係的基礎。我們已經看過創世記一章及二章如何描述關係的創造，以及從我們的婚姻和友誼中所能得到的喜悅和滿足感。

但是，若然這是真的話，為甚麼我們會如此難以感到滿足呢？為甚麼我們在人際關係之中會感到孤獨和沮喪呢？如果這幾章創世記經文是我們僅有的聖經內容，那麼，聖經就不是真正回應到我們日常生活的現實景況。

神學家準確地稱創世記三章為墮落的故事。這章講述人性從尊貴、從人神關係親密，跌入墮落之中。亞當和夏娃選擇違抗神，反擊祂的主權，質疑祂無窮無盡的智慧。這樣直接損害了他們與神的關係。

不過，墮落帶來更深遠的影響，而這個後果亦是聖經裏所強調的。亞當和夏娃犯了罪，才會感到羞愧、悲傷、彼此為敵。墮落之前，他們的結合被形容為二人成為一體（創二24）。墮落之後，他們對望一下，便紛紛找地方躲藏。他們赤身露體的弱點，成為恐懼和羞愧的根源。

肉體上和情感上的赤裸是一件很美妙的事。神創造夏娃，讓亞當能見到赤身露體的她，說：「簡直難以置信！我渴望與她親密。」男人的身體也是被塑造成能大大吸引著女人的模樣。若然認為人類的裸體是粗野醜陋的，或者覺得渴望見到裸體的慾念是邪惡的，實質上就是在批評神，在批評那一位使我們在關係上可以互相取悅對方、渴想對方的神。

可是，請不要忘記墮落之後的事。亞當和夏娃躲開對方；同樣，此時此刻，我們也是情感上互相抽離。我們將自己的內在情感掩藏起來，拒絕真誠地結識其他人。事實上，我們仍然藏身在「樹木中」(創三 8)。

墮落之後，亞當和夏娃不再是嘗試合力整理伊甸園的親密同盟。反之，他們變成彼此敵對；特別是看到他們如何互相推卸責任，正正證實了這一點。神來到他們面前時，亞當很快就指著夏娃說：「你所賜給我、與我同居的女人，她把那樹上的果子給我，我就吃了。」(創三 12)

自此，沒有一段婚姻或任何其他人際關係，可以逃避得了第一次人類墮落到罪裏所帶來的影響。雖然，一如我們將會見到的，神賜下希望予每一段關係，但大多數親密的連繫都被爭執、虐待、無視和孤獨感所玷污。在一切關係中都存在的兩大問題，就是**慾念**和**暴力**。

一般情況下，我們都認為**慾念**是指性慾——而如此說也未嘗不可。但慾念亦包含了另一種更強烈的動力。實際上，慾念是一種推動力，強逼我們以任何方法爭取到自己所需要和想要的東西——這推動力是運用我們自己的辦法，以填滿我們空虛的心靈，並不是尋求神。

我們全都感受得到——感受得到在我們生命中心的那份痛苦的空虛。那種內在的悲痛是要帶我們來到與神建立關係。不過，我們經常都以此為反叛行為的辯解。我們遠離了神，到別處尋找事物來填補自己關係上的需要。慾念，是尋找在世上情人時的一個陰暗、邪惡的動機；而情人，是指能切合我們的需要，除掉我們的痛楚，讓我們感到生命完整的任何人、物或想法。

當然，這樣不奏效。這樣是不可能奏效的。達到我們慾念中的目標之後，只會令我們感到更空虛、更容易覺得羞愧⋯⋯然後，我們又再為加倍強烈的慾望四出搜索。慾念最根本的本質，就是永遠無法令人得以滿足。

教我們左右為難的是，認識神也不能完完全全除去人生的空虛感。尋求祂可以化解我們很多恐懼、孤獨和痛楚。但在現世，沒有一段人神關係會及得上在天國裏的，那麼深厚、那麼讓人滿足、那麼無拘無束。因此，我們帶著一份人生不完整的感覺留在地上，就如魯益師（C. S. Lewis）所稱的「無法抒解的慾望」（“inconsolable desire”）。對神認識得最深的人，更能強烈地感受到這種無法抒解的慾望。

如此我們便得選擇了。我們可以把內在的空虛感交託給神，相信祂最終會帶給我們滿足感。又或者，我們可以決定自己照顧自己，在自己的人際關係之中尋求假偶像，為了得到我們認為有需要的，我們利用或過分利用他人，而傷害了他人。換言之，我們的慾念必然會令我們在人際關係中帶來暴力。

暴力不一定包含肉體上的傷害。暴力可能滲透在說話或身體語言之中，企圖傷害或操縱那些以某種形式威脅我們的人。藐視他人是一種暴力行為，因為這樣會令他人感到自己很渺小，沒有價值。所謂「矮化他人」(“cutting a person down to size”)，正是說明輕蔑的言行本身就是暴力所在。

慾念和暴力是緊密相聯的。慾念所指的是我們的態度、想歪了的慾望。暴力所指的是我們的行為、所做的事。我們以暴力來要求別人滿足自己，來保護自己免受可預見的威脅，來約束別人跟自己的關係，使他們看不見自己的真面目。

這樣看來，諾厄雖然從來都沒有好色猥瑣的行為，也不曾動手打人，但他已經表現出自己是一個充滿慾念、十分暴力的男人。他最渴望的，是保持優勢，佔盡上風，而他會動用任何他能搜集得來的武器——譏諷、誤導、不留情面的怒氣——來反擊那些曾威脅他的人。他最滿足的，是向那些缺乏智慧的人，揭示他們錯誤評估了彼爾遜股票的走勢。他討厭他們傲慢和自以為義的模樣，但他看不見真相，看不見他自己的態度和行為能帶來傷害——他對傑克滿懷敵意，對馬西婭想入非非，對瓊大發脾氣，擺出一副屈尊降卑的態度。

另一方面，瓊扮演著一個滿有幻想、不實在的角色，不會強求完美。她的慾念，或許說是強烈的慾望，是舒適和安全感。她所熱中的，不是要爭取那些一般人認為跟慾念有關的事物，反是要避免經歷任何會勾起她往日傷痛的事情。在鋼琴獨奏會中出了錯，她不想被人呼喝叫罵，或者被人削弱自尊心而感到自己很渺小。再者，瓊想避免爭執和被人厭棄，而在這種慾念之下，她同樣做出暴力的事；她撤回那屬於自己的小世界裏，從而傷害了自己與人的關係，和她自己的心靈。她需要真正的親密情感，而在此驅使之下，她減少與他人建立關係⋯⋯直至那夜在車裏，她對人際關係所寄予的合情合理的渴望，最終爆發出來，反映了她跟諾厄一起生活時充滿慾念而暴力的實況。

人際關係不能做的事

婚姻當然不是惟一一種有陰暗面的人際關係，其他親密關係也可以是傷痛的來源，朋友也是一樣。兒童在年幼時已經學懂了這一點，在遊樂場上，他們今天遇上一些小朋友，大家一起玩，但明天他們又會突然爭執起來。他們明白到，朋友可以是很冷酷無情的。

當我們坦誠面對現實，就會發現即使是我們最要好的人際關係，也不能滿足我們對親密情感的需要。其他人會讓自己不快。他們利用我們，就如傳道者在傳道書五章 11 節中所言「貨物增添，吃的人也增添」。我們也會對他們做相同的事。如果我們細心一點看自己，便會發覺自己無法滿足別人的需要。因此，我們的人際關係成為怒氣與沮喪、慾念與暴力，甚至是崇拜偶像。

我有一個朋友，她經常投訴她的丈夫和子女總是視她所作的事為理所當然的。她確實很努力讓他們快樂，但她整副精神狀態，都取決於她是否得到她認為自己應得的回報。假如她的丈夫和子女沒有以正確的方法、姿態或言辭來認同她，她就會崩潰。

當我們這些罪人走在一起，互相建立關係，問題就會惡化；問題是不會自行解決的。我們不僅會因為別人做得不好而感到沮喪，也會因自己作為別人不稱職的配偶、親人或朋友而內疚。

或許，我們生命中沒有別的範疇比人際關係帶來更多問題。或許，我們生命中沒有別的事，能較其他人令我們有更多怒氣、嫉妒、失望和壓力。傳道者雖然就人際關係說了一些正面的意見，但他也承認了這個令人沮喪的事實。

傳道者說：「看哪，一千男子中，我找到一個正直人，但眾女子中，沒有找到一個。」我將這事一一比較，要尋求其理，我心仍要尋找，卻未曾找到。我

所找到的只有一件，就是神造人原是正直，但他們
尋出許多巧計。（傳七 27～29）

請不要被傳道者對女人的看法分散了注意力。他的話不是要清楚明確地指出誰是誰非。這些說話後來給第二個智慧人引用，作為教導兒子的例子。請也不要忘記，傳道者所反映的是日光之下的人生，他眼中看的男人只是比女人稍微好一點而已。假如傳道者是女性，她可能會對男人有同樣的看法。

重點是，人際關係是不能令人滿意的。而且，即使彼此之間是很要好的，但一如傳道者毫不留情地所指出的，這些關係全都在人死時告終。「他們的愛，他們的恨，他們的嫉妒，早都消滅了。在日光之下所行的一切事上，他們永不再有分了。」（傳九 6）

我們在日光之下建立的人際關係，不能給予我們人生的終極意義和目的。失望、被拒絕、遭背叛、生離死別，這些情況都把道理說得很明白了。

那麼，我們要怎樣做呢？我們應該抱著一副玩世不恭的態度，跟傳道者一樣甘願投降嗎？「你只管去歡歡喜喜吃你的飯，心中快樂喝你的酒，因為神已經悅納你的作為。」（傳九 7）抑或還有別的方案呢？我們可否走出日光之下人際關係所

帶來的沮喪，來到日光之上獲取一些較好的東西呢？

答案是可以的。不過要了解怎樣實行起來，我們便要將目光放遠，超越傳道者那些憤世嫉俗的言論，甚或乎智慧人那些勸告我們要遵守神的命令的訓誡。我們要把注意力放在福音上——還要放在神本身奇妙的愛上。

對自己的愛和對他人的愛

為甚麼我們很難與神和其他人活在愛和親密情感之中呢？聖經對這個問題的回應是，我們深深愛著的只有自己。愛自己跟愛別人，兩者之間互相衝突。我們渴望被愛，但對別人付出愛卻很難；除非我們可以從中得到一些回報。的確，我們付出，一般只是為了滿足我們自己的需要。我們離開那些曾經與我們很親近的人，往往是因為自己從那段關係中得不到任何回報。我們想跟某人一起，往往是因為那人讓我們感到快樂，而且滿足到我們自身的需要。

這種自私的愛當然是關乎我們自身的問題。這種愛是慾念和暴力的終極源頭，為我們的人際關係帶來痛苦。但就如使徒保羅在哥林多前書十三章裏指出，我們還有另一種方式去生活、去愛。我們常常以為這章是跟婚姻有關的，而這確實亦能適切地應用在人類最親密的關係上。不過，保羅其實是指出在一切以愛維繫的健康關係中，我們所應有的態度和行為。

保羅先提出這種不一樣的愛有多重要（林前十二31～十三3），之後便描述一顆愛得有熱情、有深度的心是怎樣的。首先，他告訴我們，愛是恆久忍耐、有恩慈。愛會等候他人，懷著關切的心等候，而不是浮躁不安的。愛會等候，愛是充滿盼望的，愛是喜愛美事和公義的，不會因見到傷害我們的人絆倒而感到些微快感。愛是肩負著心靈重擔的大力士；愛一直支撐著我們。愛是不會止息的；愛是不會忘記人與人之間的連繫；愛是不會抹殺人想與神和好的夢想。

其次，愛是不喜歡嫉妒，也不喜歡張狂；嫉妒和張狂都是損人利己的事。反之，愛是為別人著想，而不求自己的益處。愛是不會計算人的善惡，不會考慮某一段關係所帶來的好處。愛不是基於我們能從一段關係得到甚麼，反是基於我們能投放甚麼。而且，愛倒是會犧牲自身安危（「我不會再讓自己受傷害」），並會重重擊退自以為義的思想行為（「畢竟我已經為他們做了事，我應得到更大的獎賞」）。愛是為別人謀求益處，同時既沒有否定自己內心的渴求，也沒有要求慾望能得到滿足。

正正就是神要求我們，要以他人為中心去愛，令我們不再自以為很懂得愛而自吹自擂。從保羅所描述的標準來看，很遺憾，我們都達不到要求。不過，這是他對美好、無私的愛的願景，能牽動我們的心去夢想，激起我們的慾望，去抓緊這種愛。我們面對自己付出的愛是何等微不足道，而正好被神對我們付出的大愛的那份奇妙所吸引之時……我們發現我們深深地渴望著維繫健康和親密關係。

日光之上的關係

我們都渴望擁有親密的關係。我們都希望在我們的婚姻、家庭關係和友誼中可以毫無遮掩、互相扶持、溫情洋溢的。只不過很明顯，人際關係並非如此理想。我們知道有部分問題是源於自身，我們心底裏都是自私的人。所以，保羅的教導正好帶領我們遠離關係中的自私自利，邁向以自我犧牲、熱情相待和無私關懷為基礎的愛。

我們如何才能表現出這種愛呢？因為聖靈與我們同在，不僅帶動我們要以基督犧牲為榜樣，更帶動我們加以想像愛在生命中的意義。聖靈激起我們愛別人的熱心。聖靈也深切令我們理解到，我們的心極度渴想的，是只有天國才能給予我們的事物。但反過來看，聖靈將我們飢渴的心指向那一位既能滿足我們的渴求，又能賦予我們力量去為愛而活的——耶穌基督。

耶穌藉著祂對我們的奇妙的愛，重新建立我們與神的關係。祂也藉著全然無私地死在十字架上的舉動，成就了這事。祂為我們捨身，以致我們可以與神有親密的關係。祂讓我們認識祂的父。

在基督面前，我們看到父的慈心。祂心痛，但卻一直堅持。父永無休止、全心全力地尋找失喪的人，甚至願意犧牲祂的獨生聖子，所為的是要將祂那羣誤入歧途的、頑固偏執的兒女帶回家。藉著基督，我們看到父這份不惜一切的厚愛。神暖暖的心融化了我冰冷的心，激起我願意為愛冒險和犧牲的心志。

基督的死不單建立了人與神的關係，更讓我們能夠與他人建立有意義的關係。正如亞當和夏娃與神的關係狀態，決定了他們與別人的關係，所以我們與基督的關係也為我們與他人之間的關係奠下基礎。

福音中令人振奮的好消息就是，我們不用再追尋愛，因為我們已經被最偉大的施愛者（the Great Lover）緊緊抱著了。我們的罪、我們往往缺乏愛心的行為，都被寬恕了。我們免受一切譴責，還被差派成為別人的施愛者，就如父一直伴在我們身旁那樣——當一個令人安心、恆久堅持、滿懷熱情的施愛者。

人際關係裏其中一個與別不同的元素就是，我們愈感受到被寬恕後那份難而置信的喜悅，便愈渴望自己能給予別人同樣美好的經歷。我們愈看到自己內心的狹隘和黑暗，便愈意識到神原來永無休止地尋找著我們的心靈。然後，我們又聽到神的聲音鼓勵我們，不要放棄人際關係，正如祂從不放棄我們一樣。

將神放在我們生命的首位，能讓我們了解到原來只有在這一段特定的關係中，我們才能獲得他者對自己無條件的愛。耶穌基督知道我們醜惡的一面，但儘管如此，祂仍是那麼愛我們。祂並沒有後退遠離我們，反之祂更熱情地靠近前來，進入我們的生命。假若我們開放自己的心，接受祂無窮無盡的愛，也接受一切其他的愛必然不足的事實，我們就不會再因被出賣而感到驚訝，反會思想這件事如何加深我們對基督的愛。另外，享受著基督對我們的愛，往往會帶我們回到我們對愛他人的掙扎，因為祂愛他們，跟愛我們一樣多。

我們與基督的關係是個根基，它讓其他一切的關係可以建立起來，甚至深化關係。它甚至使我們能忍受那些傷害我們的人際關係；當中對我們生命造成極大破壞的肉體和心靈的虐待。

無論如何，基督也是愛我們的，儘管我們違抗祂的旨意。祂已經寬恕我們了，並且給予我們寬恕別人和主動和好的決心。祂的愛和寬恕也給予我們認清自身過犯的自由。還有甚麼能驅使我們願意做任何事，就只是不願專於自己的利益？

從基督的觀點角度（日光之上）看關係，能帶給我們希望，因為我們知道，來到天國就是快樂的共聚時刻，是理想的親密時刻。伊甸園裏那種理想的關係將會得以恢復。從這永恆的觀點看來，我們須要忍受各種挫敗和背叛。那些生命得到十字架的盼望所覆蓋的人，總有和好的一天。我們對人際關係、對親密合一的最強烈慾望，將會完完全全、欣欣喜喜地獲得滿足。

再者，即使在日光之下，我們現世所擁有的關係，並不全是黑暗的。我們在這裏找不到最終的意義，但有基督作我們的根基，我們便能在婚姻、友誼和其他關係中，得著某程度的滿足感、支持，甚至喜樂。

讓人驚奇的是，這些關係愈是發展下去，我們便愈能了解真愛到底是甚麼。只有與基督的關係，才能讓我們實現那種日光之上的可能。

再細心看看

請閱讀傳道書四章 9 至 12 節。

1. 請看看這篇經文如何描述朋友的價值。試列舉朋友伴你度過難關的時刻。
2. 在你的人生中，你有否經歷過真真正正的孤獨時刻？當時你有何感受？
3. 這段經文是否讓你明白到，朋友是這世上最重要的東西？

我們怎樣追求關係？

1. 試想想你現在所享受的關係。你會怎樣形容這些關係？是健康的？是破壞的？是培養的？是暴虐的？是互相信賴的？是互相猜疑的？是彼此支持的？
2. 你的人際關係對你有多重要？你覺得自己是一個愛交際的人嗎？是一個喜歡獨處的人嗎？是一個很顧家的人嗎？
3. 神對你的人際關係重要嗎？對哪些關係重要，以及如何重要？
4. 孩子長大離開自己、朋友遷出自己所居住的市區、或者配偶短時間到外地公幹時，你會感到崩潰嗎？為何會這樣？又或者，為何不會？
5. 在一段關係裏，你一般把誰放在首位？是你自己，還是他人？

6. 你覺得自己在關係中是一個自私自利的人，或是冷漠無情的人嗎？若是如此，為甚麼你會這樣認為？
7. 與耶穌建立關係，是甚麼意思呢？與祂的鞏固關係如何增進你的其他關係——婚姻、友誼、親子關係、與工作伙伴的關係等等？
8. 甚麼聖經篇章幫助你，將你的關係扎根在基督裏？

3. 追求工作和金錢
金錢帶給我自由

一大清早，電話就響起來，瓊翻過身來，赫然發現諾厄那邊人去牀空。平日這個時間，他才剛剛起牀，開始他那一連串繁瑣的早晨例行事務。但如今他已經出門了！

昨晚他們在沉默中駛回家。瓊凝望出窗外，一邊等待被人大罵一場，一邊因諾厄似乎遺忘了她而感到失望心痛。她不喜歡他生氣，但她更不喜歡被人置之不理。

電話一直在響。瓊定睛看著它，想那響聲停止。但她還是伸手把電話取了過來，停止了這擾人的鈴聲。

「喂？」

「嗨，瓊，我是潔思（Jessie）。還記得嗎？查經班那個呢？」

瓊花了好一段時間才知道對方是誰，為此她感到不好意思。她根本無法從思緒中聯想到潔思的聲音。她仍然在睡夢中迷迷糊糊的狀態，而且還在憂心為甚麼諾厄那麼早便溜走了。

「我——真的不好意思呢，潔思。我當然記得你啦。我應該早點起牀的，但結果現在才剛睡醒。不好意思呢。」

潔思也結結巴巴起來。「不要緊的，瓊。我應該意識到現在時候尚早。不過，我幾分鐘後得上班，所以沒有時間細想……其實是因為依玲（Erin）病了，不是甚麼大病，只是有點發燒而已，所以她不能去托兒中心。我的後備看護又臨時放我鴿子，所以，要麼找人幫我看管她，要麼自己請假待在家。我不知道……」

瓊突然感到十分內疚；這不僅是因為她認不出這女子的聲音，更是因為她無意中讓潔思明白到自己可以遲些起牀這事實。遲些起牀，對一個單親媽媽來說是不可能的。潔思須要保住她在狗狗落腳棧（Doggie Do Drop Inn）的工作。

每次瓊想起這店名時就想大叫。**到底是誰笨得如此透徹，要將一間寵物店定名為狗狗落腳棧呢？狗狗才會吧。哎，拜託啦！**可是，她的反感總會在想起潔思時，化成憂傷。潔思在幾次查經班中，零零碎碎地跟她細說自己的故事。

潔思曾經與一個酒鬼結婚十年，但這個酒鬼一年比一年更沉溺在酒精中，愈陷愈深，還變得愈來愈暴力。吉姆（Jim）一個月總會醉上好幾次，在家裏橫衝直撞。他甚少動手打潔思，但卻常常破壞潔思珍而重之的東西。如果他翌日早上還記得自己的所作所為，便會再三致歉。不過，很多時候，他只是扮作甚麼都沒有發生過。在教會裏，他總能擺出一副言行端正的模樣，在教會當執事和男性事工領袖。大家看他是一個好男人——熱心、友善、樂於助人。極少教友知道，或者希望知道他酒癮發作時會怎樣，在家裏恐怖專政之時又會怎樣。

潔思曾經向牧師和幾個執事尋求援助，但每次她得到的回應都是，要信靠神，要繼續順服，還要鼓勵丈夫繼續投入教會事工。人們總是對她説：「潔思，總有一天，神會贏取他的心。還有，最好不要再重提這事。這樣只會損害吉姆的聲譽，長遠而言，也會對你造成更多麻煩。」

吉姆最後為了一個在商務會議上邂逅的女人而離開了她。潔思當刻如釋重負之心情，非筆墨所能形容。她終於可以自由自在地過自己的生活，不用再憂心「下次」會是如何。可是，一種新添的傷痛代替了她舊有的畏懼。她要把女兒留在日間托管中心。每天早上潔思離開時，見到依玲哭泣，她都會感到心碎。此外，獨力維持家計的責任重重壓在她身上。有很多個早上，潔思都在想，究竟在吉姆的狂怒下求存，是否會比做一份漫無目的的工作輕鬆容易一點。

上查經班的晚上，瓊咬著小吃，零零碎碎地聽著潔思的故事，為她感到很難過，所以，每當潔思吞吞吐吐地問她可否看管依玲時：「她不會打擾你的。你讓她蜷在睡袋裏看電視就可以的了。」瓊馬上答應了。在那個時刻，她感到十分內疚；即使要她延期做手術，或者拒絕與女王會面的邀請，她也會答應看管依玲。

二十分鐘後，潔思帶著依玲來到門前。兩個女人寒暄之際，小女孩就站在那兒，她的芝麻街大鳥（Big Bird）睡袋垂掛在肩膊上。潔思看來心不在焉，一副把心一橫的樣子，就好像她已經戴上了工作時的面具，準備走上戰場。

瓊問及她的工作時，她回答說：「我曾經很喜歡寵物。同樣地，我曾經很喜歡人。但現在我為了發薪日而活，所以今天我必須要回去。如果我不出現，老闆會收起我的支票。他向來都不會寄支票，所以要待到下星期我才會見到它。」她歎了一口氣，拉了一下那一束馬尾時剩下了的頭髮：「說真的，我實在無法告訴你，我是多麼感激——」

瓊打斷了她的說話。「沒關係，我倒是很樂意的。我真的無法想像你一天之內要經歷那麼多事情。」

潔思微笑說：「還有更糟的事。我的老闆——喬治（George）——是個好色鬼，他常常調戲店內的女員工，又色迷迷地望著我們。有一次，他將我的支票掉在地上，就是為了可以看著我彎腰拾起它來。」她做了一個鬼臉，再匆匆瞥了手錶一眼。「不過，我的肥皂劇人生講夠了，我得趕回去。」

潔思登上她十二年車齡的棕色別克（Buick）駛開時，瓊和依玲向她揮手。然後，瓊讓小女孩在親子活動室的地板上，安坐在自己的睡袋裏，開了電視。距離她那對雙生兒子的起牀時間還有幾分鐘，她坐在附近的沙發上，看著一個超人在空中飛來飛去，拯救一個剛剛從窗口跌出來的女人。**神會這樣——拯救別人嗎？**她疑惑起來。**抑或，祂只是看著小女孩生病，她們的媽媽隨著重力墜下，然後祂轉移目光，避開她們那些可怕的悶響？**

她很驚訝自己竟然會有如此一個奇怪的念頭。不過，在過去幾天，似乎都發生了很多奇怪的事情。例如，諾厄為何昨晚沒有留下便條，或親口跟她提及他會早出門呢？或許，他是離家出走，因為昨晚在車上爭論的事，和交談時跟——

瓊還在思考時，電話又響起了。是諾厄的助手珍妮特（Janet）打來。「你好，瓊。諾厄著我打電話給你。他有一件緊急工作要做。昨天他那份有關彼爾遜家具的報告引起了頗大回響，而高層計劃在紐約辦公室開會討論他的建議。諾厄現在正前往機場，並且叫我知會你。他今晚稍後時間會回來的了。」

她感到很震驚。她不知道諾厄叫珍妮特打電話來，她應該是感激還是失落。他的助手從不替他傳遞私人信息的。他一般只會用自己的手提電話打回來。

「麻煩你了，珍妮特。我再等候消息吧。」瓊回到沙發上，把膝蓋縮起，托著下巴。淚水一滴一滴從臉上淌下來。她不太清楚到底是為甚麼。但從昨晚查經班和車上對話開始，她的生活就一直如履薄冰。她沒有甚麼可以依附，也沒有甚麼解決辦法。若是她突然減慢，肯定會原地打轉得更厲害。因此，她只能維持原狀，等著看接下來將會發生甚麼事。

電視上，超人現在正穿上西裝，戴上眼鏡。某程度上，他看起來更加像她幻想中的神：言行端正、衣著光鮮、遙不可及。

她不可以再坐那麼久了。她得去弄醒添米和瑞安，著他們吃飽和準備好上車。她打六個電話，找來幾個維修人員，當跑腿去辦妥一大堆雜務。嗯，雜務可以等的。還有，她早前約了一個朋友吃午餐，但潔思或許不會那麼早回來接走依玲，她還是先取消那個約會。

她拿起自己那本紙角都捲起了的日程簿，看著所有時段都填上了枯燥卻必要的份內事。接著，她想到諾厄飛奔去開一個她一無所知的重要會議。**為甚麼那麼緊張？為甚麼那麼**

趕急要人家前往紐約？昨晚他查閱完電郵時，應該已經知道這事了吧。為甚麼他不告訴我呢？

她再往下看自己那張字迹潦草的清單，另一行淚水又禁不住淌了下來。太多事情要處理了——但卻沒有一件必定要當天完成的。不論她的預測是對是錯，也不會影響到任何公司動搖半分。即使她選擇留在牀上，一對雙生兄弟也可以自己弄穀麥片早餐，拖著衣冠不整的身軀走到街角，登上吉米（Jimmy）母親的車回學校去。甚至乎依玲大有可能看電視看上多個小時，而不需要她做任何事情。

瓊負責一切維持這個家的枯燥事情，讓這個家得以在狹縫中度日，但她的生命對其他人重要嗎？如果她只坐在鋼琴前，沒有彈完那首她要彈的樂曲，結果又會如何呢？

凡事都是虛空……

添米房間的電力供應出了問題。她要等電工技師來，而技師說過，他會大概在這天下午一時至四時之間來到。她的時間並不那麼重要；即使技師說，他會在星期二至五之間來到，她也會等。這是她的工作，而所有非金錢補償——她的住宿伙食、撫養兩個吵吵鬧鬧但十分可愛的小男孩的特權，還有一個很有意思的機會，可以跟一個連事前通知她一聲自己要出城都不願意的男人同睡——這一切都附帶著那個惟一的條件：等候。

瓊極之擅長等候，是個第一流的等候者。她在電話上等候信用卡公司職員弄清楚一筆非家裏人的帳款。她排隊等候取回諾厄那熨得完美無瑕、整齊畢挺的襯衣。

超人再來一個空中大跳躍，救起另一個身陷險境的少女。**為甚麼紐約有那麼多女子從窗戶跌出來呢？**她感到很疑惑，或許，她們也很討厭自己的工作，或者想要試探一下神，或者只是想給別人收拾殘局。至少，一天的終結不會是筋疲力盡得迷迷糊糊的，不會帶有一點不圓滿的感覺；不圓滿代表了還有很多初擬的計劃須要留待第二天進行，加入那一列緊急卻無關痛癢、永無止境的待辦事項之中。

瓊甚少讓自己反思自己的人生。她覺得這樣令她極度困擾不安。她從爸爸和生命中的日常苦差，明白到人生最好是專注於手上的工作，而不是專注於意義、慾望，也絕對不是她的痛楚。

她看著依玲窩在黃色的睡袋裏吮著大拇指，看著她的棕髮馬尾用綠色毛髮圈束在後頭，迷失在電視裏一幕幕危難與拯救，良善與邪惡。

瓊心想，**我們兩個正好相似，我全神投入在自己的小世界裏，就如依玲全神投入在她的卡通片世界裏一樣……而且**

我小世界裏的邏輯跟她的卡通片裏的差不多。他會再次這樣做——而再一次，她得要接受。

潔思伸手去拿電話，想告訴瓊她的上司逼她加班工作……再次加班工作。在這間毛髮護理「美容院」裏狂怒的吠聲中，她須使盡辦法才能聽到電話裏對方的説話，而她的上司則站在櫃台後面，臉上帶著一絲幸災樂禍的笑容。

狗狗落腳棧——或者，就如那裏的員工所稱的狗狗棧——提供毛髮梳理服務、寵物用品和高級犬舍。換言之，這是一所位於美國南部，集美容院、零售店及動物監倉於一身的店鋪，而所有東西都有一個聰明的名字，收費亦高於一般店鋪。潔思跟所有員工一樣——以店鋪的名字為恥，以工作保障為慮，而且一直很惱怒喬治，他跟所有員工，特別是年青或未婚的女員工，玩心術遊戲。

喬治很聰明，從來不會越過社會大眾言行規範的底線，不會令自己沾上性騷擾的罪名，但他將那個極限推至一語雙關的説話和眼神挑逗的舉動上。潔思早已習慣了被她丈夫使喚，而且二人相比之下，喬治就猶如一個乖巧的年青男生。可是，聽著喬治「美言」稱讚她的頭髮和連身裙的頸口，就好像穿著一雙裏面放了石頭的鞋子走路一樣。這個旅程大抵可以繼續的，但同時精神上的心煩意亂和痛得令人麻木的苦楚，叫人幾乎無法再忍受得住。

潔思曾經想過摑他一記耳光，將他的惡行公告天下，然後辭工。但每次她想到這一點，便記起依玲，亦知道自己是擺脱不了的。她知道自己的學歷未及大學程度，也沒有接受過任何技能訓練，不可能找到一份薪酬更好的工作，所以她下決心要能幹一點、勤快一點。下次她不會再被喬治留難。她不會讓他佔自己便宜。

不過之後，這種事又會再次發生，因為她需要工作，她的老闆有權管制她，而他亦很清楚這一點。

為甚麼她要工作，又要受盡侮辱呢？她只是想供養自己的孩子而已，她只是想受到別人尊重而已，但她得到的卻是無需動腦筋的工作，和侮辱人格的性暗示。她不知道這是因為自己是個離了婚的女人……還是純粹因為自己是女人。

她只知道，這世上沒有一處是安全的。

潔思於三點時打電話給瓊，滿懷歉意地告訴她自己得要在貨倉超時工作。她的聲音聽起來很急躁，在吠聲中只能勉強聽得見，而且瓊覺得自己聽到有人在對方背後大笑。她安慰潔思，一切事情總會有轉機的。

潔思回應説：「沒錯，瓊。總有一天吧。謝謝你。」

潔思的聲音令瓊很想哭，但她強忍著淚説：「慢慢來吧。我和依玲會在這裏等你下班。」

瓊花了一天看著依玲看電視。她甚至連自己有否弄午餐給孩子也記不起了。總之，孩子已經出門上學去。所有電話、跑腿工作和其他待辦事項清單上的繁瑣事務，都在這虛空的一天給遺忘了。她喜歡小女孩陪伴著自己，很享受聽她的歡笑聲。她甚至有一刻衝動，想爬入她身旁的大鳥睡袋，不過，她又覺得那睡袋不大可能容得下她。

電話再次響起，瓊從沙發上跳起來接聽。她等諾厄打電話來已經等了一整天。她回過氣來，嘗試放慢動作，儘量讓自己的聲音在心跳得很快之時，仍然聽起來很正常。「喂？」

「喂，瓊。我是傑克。」

「傑克，我……我沒想到你會打來。」

「沒關係。不過你好像有點喘氣。我是否在不適當的時候打了過來呢？」

瓊猶疑了一下，不知該説些甚麼。然後，她吐出實情：「其實只是……唉，傑克。我一整天都沒聽過諾厄的聲音了。他今天一大清早便出了門，所以我沒有機會跟他談談。我很擔心。我擔心——」

「昨晚的事？」傑克輕聲説，語帶緊張。

「沒錯。」

傑克大概是在工作椅上將身子往後一靠，因為瓊聽到旋轉軸咿咿呀呀的聲音。他的聲音讓人很安心。「瓊，對於這事我不感到意外，但我的確感到很失望。我一直祈禱，希望諾厄不會遷怒於你。或許，我這樣求是不切實際的——」

「噢，才不呢，」她急急回應説：「我真的很高興我們能如此討論，但是他不打電話給我，我也真的不知該如何是好。其實，他叫了助手打來知會我，他要飛到紐約去，但對於他的行蹤，我可是一無所知。」

傑克歎一口氣：「我本來打算今個星期之內打給諾厄，看看我們能否在下次上查經班之前，相約一起吃頓午餐之類的。我和馬西婭都希望你們知道，我們會一直為你們代禱的。」

瓊不知道説甚麼才好。她垂下頭望向電話旁邊的彩色記事便條紙。淚水在那些便條紙上留下了一滴滴水漬，但她卻根本不知道自己一直在哭。總之，她還能跟傑克道謝，再掛上電話，而沒有按捺不住地哭了出來。

瓊回到沙發那裏，看到依玲已經睡著了。她看著電視，抱著一絲希望，期待那披著披肩的勇士繼續拯救跌出窗外的女人。她很想很想見到他拯救別人。

偶像：「金錢帶給我自由」

我們泛濫的廣告文化以無數途徑向我們大聲宣揚一個信息，就是只要我們有足夠金錢，人生就會變得有意義。我們指望金錢能帶來安全感、自由、快樂和權力。結果，金錢很容易成為我們的偶像，我們祈望金錢能夠滿足我們所需，實現我們所求。

大多數人花近一半清醒的時間往返工作地點或者投入工作之中。隨著電郵、傳真、傳呼機和手提電話這些傳訊科技發展迅速，我們的工作週也似乎加長了。面對如此巨大的時間需求，我們的工作便會很輕易地控制了我們的全副注意力。但工作對不同人有不同意義。

諾厄喜歡自己工作上的挑戰、競逐帶來的刺激感和擊中目標的滿足感。他擅長自己所做的事，致力取勝，並且因所付出的努力而獲得很高的回報。他的工作也是他得著意義和權力的一個重要來源。

相反，潔思的人生揭示了工作的陰暗一面。她所賺取的僅僅足以糊口，而且她覺得自己在工作上進退維谷，慘受欺負。她沒有受過培訓，沒有能力面對二十一世紀帶來的挑戰。她知道自己很容易被別人取代。因此，她被迫忍受在這種被虐的環境下工作——沉悶的常規工作、毫無意義的交流和侮辱人格的侵擾，為她的人生帶來不幸。對潔思而已，工作是為了糊口的苦差……也是為了愛的苦差。為了她的女兒，她每天忍受著別人的侮辱，但她從工作中得到的滿足感卻是微乎其微。

瓊的工作狀況大概是介乎上述兩者之間。作為一個全職母親，她的工作是無薪的，而且大部分時間都不被欣賞。一般來說，若是被人注意到的話，都只會是因為工作尚未做好…… 她對這種工作感到很矛盾。她愛她的孩子，也喜歡不用每天出外上班的自由。不過有些時候，日日如是的工作和與世隔絕的狀況教她不知所措；她覺得在枯燥乏味的例行工作中迷失了。丈夫愛工作比愛自己更甚，令空虛的感覺變得更複雜。她妒忌諾厄能享有自由，能行使權力。然而，她反觀潔思時，便感謝神讓她不用過那種困苦艱難的生活。

我們為甚麼要工作

大多數人的生活都介乎諾厄與潔思這兩種處境之間。我們可能是為工作而活，對自身處境感到很矛盾，又或者很討厭自己的工作，而工作單單只為了糊口。撫心自問——我們所有人都關心著緊金錢。畢竟我們都需要用金錢來換取食物，換取衣服來披戴，換取房屋來容身。

問題是，不論我們賺取的是最低工資，還是六位數字的美金厚薪，我們都總會覺得只要再多一點點就會足夠。可是，當多了那麼一點點之後，那些金錢似乎在我們手中流走得太快了，令我們覺得自己好像嘗試捕風一樣。

此外，我們當中很多人都渴想工作還能提供金錢以外的東西。我們期望工作有挑戰、有樂趣、有目的。因為我們都投放了大部分的生活在這些維持生計的工作上，自自然然也希望能從中找到意義和目的。我們都想自己的工作能**意味著**某些東西。

我在神學院當教授，遇見不少熱心事奉的男男女女，都是不滿意自己的工作，儘管這些工作都是高薪厚職，他們最終選擇離開可以賺大錢的本業，他們渴望得到的不只限於金錢，他們希望為世界帶來改變。當中有人相當熱心，加入事奉行列，而意外地發現他們的工作生涯原來也是充滿灰心沮喪。他們期望能在事奉工作中找到的滿足感，似乎就跟財富本身一樣那麼虛幻。

工作、金錢和財富，三者對我們都很重要，而且耗用我們大量時間和力量。難怪聖經，尤其是箴言和傳道書，花那麼多篇幅講論這些課題。

金錢與工作的價值

大多數人都以為聖經不贊成人擁有財富。他們一般會引用一句說話：「錢是萬惡之根」，而忘記了經文其實是說：「**貪財**是萬惡之根」（提前六10；粗體為作者所加）。

聖經從來沒有說過，富有的人會純粹因為他們富有而走向滅亡。相反，很多聖經上的「偉人」都是非常富有的，例如，亞伯拉罕、雅各、約瑟、大衛、所羅門、亞利馬太的約瑟。約伯更是他時代中極之富裕的人。儘管神為了考驗他而奪走他的財富，但最後神卻賜予他更多的財富。

換言之，聖經譴責對金錢的錯誤態度，但卻從沒有說過富有是壞事，貧窮則一定是好事。事實上，箴言表明了相反的立場：

富户的財物是他的堅城；

窮人的貧乏是他的敗壞。
義人的勤勞致生；
惡人的進項致死。（十 15～16）

財物使朋友增多；
但窮人朋友遠離。（十九 4）

智慧人家中積蓄寶物膏油；
愚昧人隨得來隨吞下。（二十一 20）

傳道書中的傳道者也認同財富能予人真實的享樂，是讓人渴求的東西。在傳道書七章 11 至 12 節，他談到智慧如何勝過金錢，但他如此說並非蔑視金錢，反倒是認同它的價值：

智慧和產業並好，
而且見天日的人得智慧更為有益。
因為智慧護庇人，
好像銀錢護庇人一樣。
惟獨智慧能保全智慧人的生命。
這就是知識的益處。

且再聽聽他在傳道書十章19節所說的話：

設擺筵席是為喜笑。

酒能使人快活；

錢能叫萬事應心。

教會歷史裏曾經有一段時間——特別是在早期及中世紀時期——金錢猶如性一樣，被視為本質上邪惡的東西。那些跟隨神的人被看作是清貧和貞潔的一羣，而修道院的生活則被指是靈性生活的理想模範。這些想法的痕迹仍然延留至今時今日——但這些想法並非真正來自聖經。它們所反映的是希臘哲學觀，而這種觀點是主張靈（spirit）與身體分開的。

不過，按聖經所言，金錢並非邪惡。金錢是必需品，也是神的祝福——而努力維持生計是一種美德。的確，聖經中最嚴厲的警告都是直接指向懶惰的人。保羅提醒基督徒，「凡有弟兄不按規矩而行，不遵守從我們所受的教訓，就當遠離他」（帖後三6）。

工作本來是神賜下的禮物，是祂為亞當和夏娃在墮落之前，所創造的世界裏重要的一環。創世記二章15節明確地表示了這一點：「耶和華神將那人安置在伊甸園，使他修理，看守。」工作是神給予的責任，叫人類從中享受，並且得著滿足感。

我們從創世記一章及二章所看到有關工作的描述，是極為正面積極的。亞當與夏娃一同工作，發展神創造的事物。他們受吩咐去「治理」大地，「管理海裏的魚、空中的鳥，和地上各樣行動的活物」(創一 28)。他們有責任要「修理、看守」神賜予他們的美好家園(二 15)，而且他們跟對方、跟神互相協調，一同作工。

事實上，在他們的工作中，可見亞當和夏娃就是造物者的代表。聖經一開首便展現出神這位大工匠創造世界時的壯觀情境。藉著祂的說話，祂創造了宇宙，投放了時間照顧它，把它塑造成一件無比美好的東西。神想讓我們有工作的機會，能跟祂創造宇宙時一樣，運用同等的力量和創意。祂想令工作變得美好和具滿足感，而不是帶來沉悶或者侮辱、沮喪，或者失意。

工作徒然虛空

作為一個很熱愛和享受自己工作的教授兼作家，我寫下這幾個字。我經常讓自己在工作上比本來應該的，付出更多人力和精神。的確，我很難想像其他人能跟我一樣如此享受工作。不過，即使我們當中有人真的很喜歡自己的工作，他們也必定會坦白承認，工作會有令人沮喪的時候。

昨天我剛剛得到小小的提醒，記得那工作的痛苦。當時我正在寫著這部分時，談到工作帶來的煩擾和挫折，電腦顯示屏卻突然空白一片。我本來一直在陽台用手提電腦工作，只靠電池供電。我知道電池的電可能會耗光，但電腦會在關機前自動儲存文件檔。不過，正常情況下，電腦會顯示一個信息，說檔案已經儲存。這次卻沒有信息顯示，我只有凝望著那個帶有不祥預兆的空白顯示屏。

我屏住了呼吸，趕緊找來電線，接上電源。一開電腦，刺耳的磨擦聲不絕於耳，映入眼簾的只有一片黑色。我的心沉了下來。

幾小時之後，電池完全充好了，顯示屏閃了閃就開了，不過，我想找回我的文件檔時，卻發現我一個早上的工作在數碼世界裏化為烏有了。

失望轉化為憤怒。我浪費了一整個早上的寶貴時間！然而，當刻我回想到自己正在寫作的題目。我還寄望甚麼呢？工作，並非時常予人歡樂和滿足感的，反而充滿障礙和沮喪。傳道書認同這一點，清楚地描述並解釋我們每天重複著的心情。傳道者沒有預料到電腦，或者電腦魔鬼，能妨礙一天的工作。但他倒是明白我們一切工作都可以瞬間化作塵埃，而我們的努力亦可受到向來無視我們一舉一動的世界阻撓。

傳道者也表示，我們大部分的工作努力都是源自嫉妒，而嫉妒即是一種想要得到別人所擁有的東西的慾念。「人為一切的勞碌和各樣靈巧的工作就被鄰舍嫉妒。」(傳四 4) 這是個驚人的事實。我們見到同事或上司賺得比我們多，得到的津貼比我們多，便會立即大發熱心，努力工作，為要爭取同等的好處。傳道者在這裏描述的這種嫉妒，是極具破壞力的，因為這嫉妒的心鼓勵人們爭取自己想要的，而妄顧他人。

此外，傳道者指出，沒有正確動機的人並不會長勝。「我又轉念：見日光之下……智慧的未必得糧食；明哲的未必得資財；靈巧的未必得喜悅。所臨到眾人的是在乎當時的機會。」(傳九 11)

這個關於人生的概括評論，對我們的工作有很明確的含意。我們工作時，無論自己如何天資聰敏，如何準備充足，如何忠誠盡責，都沒法絕對保證自己的工作將能帶來回報，不管是金錢上還是其他方面上的回報。人生好像常常都要依靠無可控制的運氣來運作。有人誤打誤撞，得到巨額財富；有人卻窮一生時間工作，而且似乎沒法稍息片刻。

我們都想大聲喊叫說：「不公平！」或者「豈有此理！」我

們在自己身處的職場都可以看到這種情況。慵懶、卑鄙或無恥的人總是升官發財，反而那些努力事奉神、熱心助人的總是受苦。難怪我們都嫉妒那些成功的人。

傳道者沒有說過兇惡者**必然**成功，或者正直者**必然**滯後。他反而會認為正直行義的人可能會取得成就，不過他大抵會補充一句說，這種情況少之又少。

可是，即使是偶然間升官發財，也不能令這個憤世嫉俗的老人感到高興或者消除憂慮。他想我們知道，工作上的沮喪比失敗更加能影響深遠，而成功本身亦可能不盡人意。

> 我所以恨惡生命；因為在日光之下所行的事我都以為煩惱，都是虛空，都是捕風。我恨惡一切的勞碌，就是我在日光之下的勞碌，因為我得來的必留給我以後的人。那人是智慧是愚昧，誰能知道？他竟要管理我勞碌所得的，就是我在日光之下用智慧所得的。這也是虛空。故此，我轉想我在日光之下所勞碌的一切工作，心便絕望。因為有人用智慧、知識、靈巧所勞碌得來的，卻要留給未曾勞碌的人為分。這也是虛空，也是大患。人在日光之下勞碌累心，在他一切的勞碌上得著甚麼呢？因為他日日

憂慮，他的勞苦成為愁煩，連夜間心也不安。這也是虛空。（傳二 17～23）

傳道者進一步引申這個論點，到遠超於我們日常生活中可能會發生的情況，但他倒是說得對的。儘管我們老老實實、勤勤力力工作，總有一天我們會死，而總有可能我們的子孫會浪費或揮霍我們所留下來的一切。所以，在這個世界上任何一種成功都附帶一定程度的沮喪。

金錢的權力

捱得過工作的煎熬，其中一個重要的誘因是人對金錢的需要。滿足我們的基本需要並不需要大量金錢。不過，即使我們已經有足夠的食物來支撐身體機能運作，有合適的容身之所來保護我們免受風吹雨打，我們都總是想要更多、更好的。

為甚麼呢？因為金錢給予我們保障，賦予我們權力。金錢提供方法讓我們抵擋侵襲，幫助我們控制自己的人生——在一定程度上。

剛剛這個星期，我父親做了一個重要的心臟手術。可是，他差點趕不及來見醫生。他本應要約見的心臟專科醫生從沒有回覆他的電話，安排作導管檢查。結果，我母親請另一位心臟專科醫生朋友介入其中。我父親最後來到覆診時，那位心臟專科醫生竟然斷定有需要在接下來數小時之內做手術！那些電話沒有得到回覆，幾乎害死了我父親。

整件事引發我們每一個人的深思。假如我父母沒有一個與醫護界有連繫的朋友，沒有醫療保險替我們支付費用，那會怎樣呢？那些兩方面都沒有的貧窮人，又會怎樣？

原來真相是，金錢真的會直接影響別人如何看待自己。潔思就是在現實之下日復一日地過活。她覺得自己無能為力，因為她承擔不起舉報她淫蕩好色的老闆的後果。她可能會因而失業。再者，即使她最後真的得到法律上的賠償，也不足夠支持她在失業期間經濟上的開支。

潔思並非孤身苦戰的。大部分人每天都活在艱苦的現實中，因缺乏金錢而大有被人無視或者遭受剝削的機會。反之亦然；金錢會增加我們得到良好待遇的機會。例如，我妻子留意到，她身穿名貴衣履時，百貨公司職員會比她穿牛仔褲時表現得殷勤一點。

這種經濟上的歧視甚至在基督徒之間發生——正如新約作者雅各所指出的，他留意到相對於接待社會低下階層的訪客時的態度，信眾較歡迎和更樂於幫助富裕的訪客。他嚴正譴責教會這種不公平的對待（雅二 1 ～ 13）。

雅各讓我們想起自己與生俱來、邪惡的人性偏好。我們可能會嫉妒或憎恨那些比我們擁有更多的人。但有意無意之間，我們也會欣賞他們。人會被富有的人所吸引。他們想在那些有錢人家身旁。故此，我們渴望得到金錢的其中一個原因，就是我們想別人注意自己，給自己最好的待遇。金錢能有助達成此事。

金錢徒然虛空

金錢是很有能力的東西——是給人祝福和咒詛的途徑。難怪我們都想擁有更多。不少動機都驅使我們要擁有更多金錢：恐懼、憤怒、渴望獨立、須要控制別人。所以，我們最終得出一個結論，就是覺得自己永遠不能得到足夠的金錢。財富是一種祝福和回報，不能供應一切我們所期望的東西。財富永遠不能完完全全保護我們，不能給予我們愛，或者除掉人墮落所帶來的後果。

傳道者悲歎之時，坦率直言這種事：

> 貪愛銀子的，不因得銀子知足；貪愛豐富的，也不因得利益知足。這也是虛空。貨物增添，吃的人也增添，物主得甚麼益處呢？不過眼看而已！勞碌的

人不拘吃多吃少，睡得香甜；富足人的豐滿卻不容他睡覺。

我見日光之下有一宗大禍患，就是財主積存資財，反害自己。因遭遇禍患，這些資財就消滅；那人若生了兒子，手裏也一無所有。他怎樣從母胎赤身而來，也必照樣赤身而去；他所勞碌得來的，手中分毫不能帶去。他來的情形怎樣，他去的情形也怎樣。這也是一宗大禍患。他為風勞碌有甚麼益處呢？並且他終身在黑暗中吃喝，多有煩惱，又有病患嘔氣。（傳五 10～17）

經文中，傳道者特別提到好幾個原因，解釋為何無論我們擁有多少金錢都不能感到滿足，又為何我們總是渴求得到更多。其中一個原因是，攀附權貴，從他們身上得好處，而那些有錢人家一定會對那些可能視自己為目標、想要自己的錢的人提高警覺。

我有一個摯友住在城中富裕之區，發現服務公司看到她大房子便提高收費。她最後要為與一般無異、同等質素和質量的工作，支付更多費用。要中產和貧困人士向富有人家深表同情是沒可能的，但這正好說明了傳道者有關收入增加，開支亦會相應增加的論點。

傳道者很清楚知道，辛苦賺來的錢也可以瞬間蒸發掉。譬如說，僅僅一天之內，一次急劇的股市波動（或者一場大火、龍捲風，或者死亡）可以帶來巨大損失。總之，一如傳道者所提出，金錢帶來憂慮，並非保障。勞動的窮人睡得安好；富有的人輾轉反側，時刻記掛著他們的財寶。

雖然金錢是必需，而且帶有能力，但金錢不能帶來終極的滿足感。金錢可以是一個虛假的支援者，並能帶來失望，甚至絕望。假如不了解這一點，亦可以導致極大的傷痛，甚至悲劇——尤其是當我們讓金錢成為偶像。正如使徒保羅指出，「有人貪戀錢財，就被引誘離了真道，用許多愁苦把自己刺透了」（提前六 10）。

藉基督的榮耀重新工作

金錢與滿足感之間似乎沒有直接的關連。我在最近一次到墨西哥宣教的旅程中體會到這一點。很多墨西哥以外的人都知道阿卡普爾科（Acapulco）是以波光粼粼的海灘、陽光普照的天空和富麗堂皇的酒店聞名。不過，越過那些巧妙地掩護著富有人家的山峯，才能到達真正的阿卡普爾科。那裏大約有一百萬貧窮人口。在這次旅程當中，我在豪華酒店找到傷心、寂寞的人，在簡陋棚屋找到自信、快樂的人。我亦看到相反的情況。這次旅程讓我清楚知道，錢並不是決定人對生命喜惡的因素。

我們看工作和金錢，不單將目光放在我們的創造之上，更要透過人類墮落這面三稜鏡來看。畢竟，亞當和夏娃的罪對我們的工作生涯和享受神的美好創造，帶來嚴重和明顯的後果。在亞當因叛逆而犯罪之後，神跟他的對話之中，我們特別看到這一點：

> 你既聽從妻子的話，
> 吃了我所吩咐你不可吃的那樹上的果子，
> 地必為你的緣故受咒詛；
> 你必終身勞苦才能從地裏得吃的。
> 地必給你長出荊棘和蒺藜來；
> 你也要吃田間的菜蔬。
> 你必汗流滿面才得糊口，
> 直到你歸了土，
> 因為你是從土而出的。
> 你本是塵土，仍要歸於塵土。（創三 17～19）

這些說話的確是很嚴苛，但卻很真實地反映我們所經歷的。我們明白竭力在狹縫中求存的汗水和艱苦，為享受創造成果所付出的勞力，最終徒然虛空的感覺。神警告過第一對男女，假如他們犯罪必定會死（創二 17）。祂賜予他們（和我們）生命，而同樣祂要拿走生命，也絕對是理所當然的。

在這一切事上，神不是殘酷，而是公義，且有豐盛的慈愛。的確，因為我們的罪，死亡才成為現實——但那不是即時死亡。雖然人生和工作仍舊艱苦，但當中亦包含了很多成就美事和帶來滿足感的要素。

不過，神的恩典不止於此。人墮落以後，神做了一些完全無法意料的事。在伊甸園的門閘快要在墮落的人類面前砰然關上，命定我們一生痛苦地工作而徒勞無功之前，神發起了一個大膽的補救計劃。透過祂自己偉大的犧牲，祂開闢了一條走出困局的道路。

隨著舊約聖經逐步揭示，這個救贖計劃也漸見清晰。以賽亞說，這個救贖無須我們付上任何代價。

耶和華如此說：

「你們是無價被賣的，

也必無銀被贖。」（賽五十二 3）

另外，在以賽亞書五十五章 1 至 2 節，神如此呼籲說：

你們一切乾渴的都當就近水來；
沒有銀錢的也可以來。
你們都來，買了吃；
不用銀錢，不用價值，
也來買酒和奶。
你們為何花錢買那不足為食物的？
用勞碌得來的買那不使人飽足的呢？
你們要留意聽我的話就能吃那美物，
得享肥甘，心中喜樂。

這裏的信息就是，我們無須靠工作來賺取在神心中的位置；我們無須為了祂的愛而付錢。當然，在耶穌降臨的時候，這信息所說的事便完完全全的成就了。基督為我們放棄了豐盛，遠遠多於金錢或其他物質所帶來的豐盛。而祂賜予我們的豐盛，才是我們在日光之上生活所需的真正財富。

底線

工作在這世界是重要的。金錢是重要的。但底線是，假如我們力求在工作或金錢中得著自身的滿足感和目標，我們的人生便注定是毫無意義、徒然枉過的。我們畢竟是為伊甸園而造的。數以億計的錢財，對我們這些被逐出神的樂園的人來說，並不可能足夠。我們擁有一切，卻無法回到伊甸園，就永遠都不能快樂。只有耶穌能領我們歸回。

在這個墮落世界，假如我們把自己的工作視為偶像，工作只會讓我們感到沮喪。每當我們依靠金錢和工作，來保護自己遠離殘酷、悲傷、孤獨和需要，最終卻會發現日光之下勞苦工作徒然無功。

不過，這是最後結論嗎？當然不是。神叫我們為工作和金錢努力，是有美好的旨意。首先，我們誤以為自己可以從工作或賺取回來的金錢之中，得著某種程度的真正快樂，但祂卻想我們認清這個錯誤觀念。

不論我們成功與否，信息都是一樣：沒有一種「它」是足夠的。工作是一種「它」。金錢是一種「它」。兩者都牽涉物質和獲取物質的過程。可是，獲取物質這種事是靠不住的。你得到愈多，便會愈想得到更多。你愈想得到更多，無法得到之時便會愈感到失望。

金錢和工作顯出我們墮落的深度。工作和金錢，就好像人際關係一樣，一開始時能滿足我們，但往後卻教我們因沒有任何人或物質能滿足我們所渴求的，大失所望。正因如此，耶穌教導我們：「不要為那必壞的食物勞力，要為那存到永生的食物勞力，就是人子要賜給你們的，因為人子是父神所印證的。」（約六 27）

我和妻子雅麗在阿卡普爾科遇上不少與眾不同的人物，當中包括威利（Willie）和布魯尼（Bruni）。威利在富貴豪華的公主酒店（Princess Hotel）任職糕點總廚，是一份夙負盛名的工作。威利帶我們參觀酒店，向我們展示他很多極之精緻的美食作品時，告訴我們他的故事。

多年以來，威利全情投入於自己的專業，努力工作來爭取自己在國際間的知名度。雖然他的妻子是基督徒，但他自己卻比較喜歡建立自己一套極盡奢侈的生活模式。他聽到家財萬貫的霍華德（Howard）要入住酒店最高兩層時，他心裏便想自己已經達到人生事業的最高峯了。他要為世界上最富有的人焗製最美味的糕點。

霍華德來到酒店的時候，點了一客肉桂卷。威利親自下廚，用上最好的材料，付上最大的心機製作糕點。他送上點心，寄予厚望，但點心給退回，並附上一個信息說點心不合心。威利送上另一件，但再一次被霍華德退回他的作品。霍華德退回威利第三件完美製作的肉桂卷之後，便命他的私人噴射機飛到他上一個居住地，帶了一個他想要的那種肉桂卷回來作範例。霍華德的隨從帶那個肉桂卷給威利時，威利無法相信自己的眼睛。那是一件垃圾，是任何人到雜貨店便唾手可得的那種肉桂卷。

這個經歷對威利的世界帶來衝擊。他的一生都投入自己的工作中，卻毫無意義。他多年來在事業上勞心勞力，都似乎毫無目的。

不過，神的旨意是超乎一切威利所能想像的。威利的危機讓他眼界大開，看見基督的愛，從他妻子對他和對其他人的愛中顯明出來。經過一段懷疑和探索的時間，威利找到自己在基督裏的滿足感。之後，他再次在自己的工作中得著喜樂。

有目的和帶來救贖的工作

當我們開始為工作和金錢的假像努力奮鬥之時，便會置身於日復一日的勞苦之中，而工作為我們帶來改變，還可能帶來一定程度的滿足感。神要我們工作，是想我們透過創造、製造和塑造的過程，得著喜樂，找到自身與神相似的感覺。

在墮落世界裏，這種喜樂永不會完整。我們總會碰上徒勞無功的時候。但即使是徒勞無功，人生也不是就此告終的。徒勞無功的時候亦能起正面積極的作用，教我們不會視自己的工作和金錢為偶像。我們感到人生徒勞無功時，我們的心便會被真正的豐盛——耶穌基督——所牽引，也會被永恆最偉大的創舉——為我們的罪和叛逆付上代價而死的勞苦——所牽引。

這觀點預計會引起人的一些疑問：今天神要在我的工作上成就甚麼事呢？祂會如何透過我的勞苦令我氣餒、接觸我、接近我、使用我、祝福我呢？我們可能常常為自己的工作感到矛盾——又愛又恨——但至少工作會教我們舉目仰望天空發問：神呀，祢要在我的生命中成就甚麼事呢？

畢竟，我們現在都知道我們的工作並不是世上最重要的事情。假若我們在工作上停濟不前，我們也不是完全的失敗者。不論我們是貧窮的，是中產的，或是富有的，神都愛我們。

這並不是說，為了高薪而努力工作是錯誤的。只不過同時間，我們要儘量為自己所擁有的而知足。我們可能追求較好的工作或加薪，但假如我們得不到，亦不應該感到氣憤或悲傷。傳道者說：

> 遇亨通的日子你當喜樂；
> 遭患難的日子你當思想；因為神使這兩樣並列，
> 為的是叫人查不出身後有甚麼事。（傳七 14）

更重要的是，我們因神而來的愛，和對祂所做的事感恩，都會引導我們關注我們自身需要，甚至乎關心別人的需要。其中一個心靈得著救贖最明確的標記，就是渴望以自己勞苦的成果祝福他人。

你為甚麼工作呢？

畢竟，我們的終極目標不是要經濟獨立，或者成為社會上最富有的人，我們的目標是要聽到我們的神對我們說：「好！良善的僕人」(路十九 17)。

其中一個在工作上最基本的決定就是：我是為**這**世界而工作，還是為了那將要來的世界而活呢？聖經已經說得很清楚，富有、想要更多金錢，或者計劃周詳地勤奮工作，都不是錯的。問題亦簡單不過：我是為自己，還是為神工作？

我們不是要為這世界上的權力、保障，或者歡樂而工作；我們要為那句「好！」而工作。渴望得到我們父神的祝福，應該是我們一切勞苦背後那份甘甜、吸引人的力量。

即使是那些持妥協立場的，說：「我工作是為了孩子的教育經費」，或者「我工作是為了我們的退休生活，使我們將來不會成為孩子的負擔」，或者「我工作是為了獲取一點財富和一些世俗的歡樂」，都只會變成一層煙幕，我們不能不處理到底我們是為了自己還是為了神而工作這個更基本的課題。

一個判斷你是為誰工作的方法，就是問問自己：我有禱告、計劃並努力工作，賺取更多，讓自己能夠向他人施予更多嗎？當你看到社區上的需要時，你會渴望自己能賺取更多，從而有能力幫助貧窮兒童到鄉間玩樂一星期、獲得一部電腦來加入這個以知識和能力為重的世界？你會否為了能夠幫助有需要的鄰居，而更有動力賺取更多？

請不要誤解我們以上所說的話。夢想為自己買一根新的釣魚桿、一輛新車或一件新家具，並沒有錯。沒有一件物件是本質上有錯的；相反，它們每一件都能夠被使用，來成就神的旨意。不過，工作和財富都有一個真實、永恆不變的目的：邀請他人認識神。

我認識一個人，他舉辦了一個奢華得驚人的聖誕派對，希望能吸引他那些極之富有的鄰居、生意伙伴和朋友來與他一同慶祝。他亦邀請了幾個來自不同國家、種族和社會經濟背景的人來分享他們聖誕節的經歷。富有的來賓因所見到的不同文化而著迷。他們沒有預料到派對中有非籍美國人牧師談及貧窮問題、內心悲痛，以及對於在自己的成長過程中，身為白人的聖誕老人從沒送禮物到他家而產生的疑問。

當客廳裏的白人的內疚心情被推至最高點時，牧師對眾人說，聖誕節不是關於聖誕老人，而是關於耶穌的；耶穌不是黑人，也不是白人，祂是一個無助的猶太籍嬰孩，在骯髒的環境下誕生，並生於一個貧窮家庭之中，對將來無可指望，只有不斷逃避掌權者的仇恨。牧師激動地講述，耶穌的死，是為了我們所有人，令我們能像那個富有的稅吏一樣謙卑自己，大聲呼喊說：救我。

我朋友獻出自己辛苦賺取得來的金錢，祝福窮人、富人、飢餓的和飽足的人。這應該也是我們的目標。金錢提供一個給予祝福，而最後也得著祝福的方法。這份得來的祝福，就是那一句我們心靈最渴望聽到的：「你回來啦，兒子，女兒，做得好！」

日光之上的工作和金錢

日光之下的人生裏，我們永不滿足。但人生本是如此。若然我們滿足了，就不會再渴望得到一些更好的事物，一些只能夠在天國，就是在日光之上，才能得以滿足的事物。

只要我們接納這個日光之上的觀點，我們便會正確的對待工作和金錢。即使工作令我們灰心氣餒，我們都不會再厭惡自己的工作。因為工作並不是我們得著終極意義的地方。再者，我們工作不是為了我們的上司、我們的公司，甚至乎我們自己，而是最終的為了神的榮耀。對於做零售的還是做教會事工的，這話都是同樣真確；對於家庭主婦，還是傳教士，這話都是同樣真確。所有的工作都有同一個永恆不變的意義。

工作給予我們代表創造者的機會。我們都是按照神的形象而造的，這就是說，我們都有創造的思維，能將這應用於我們作為園丁、管理員、家長、律師、政治家、教會同工、學生、會計、飛機師和寵物店職員的工作上。

在日光之上，金錢成為了一種工具，不是用來填滿空虛——絕不可能，因為我們都是為伊甸園而造的——而是用來享受神的創造和擴展祂的國度。既然金錢不能買得真正重要的事物，我們就不用過分介懷得失，大大減少憂慮和擔心。

這樣又再次帶我們回到傳道書所記的命令：「敬畏神，謹守祂的誡命」。我們對神的敬畏，教我們了解甚麼才是真正重要的。只要神成為我們生命中最重要的一部分，金錢和工作就會恰當地成為次要的，也會使我們因自己所擁有的而知足，對別人慷慨大方。

我們在工作上和經濟上的實況，總免不了有令人沮喪、犧牲和失敗的時候，但聖經教導我們，即使是今天微小的犧牲，也對永恆世界帶來深遠影響。我們曾經離開了豐盛富足的伊甸園，被驅逐到荒野之地。不過，我們期待伊甸園的復興，也期待那一個使這樂園再次赤裸的地方（啟二十一～二十二章）。

再細心看看

請閱讀傳道書二章 17 至 23 節。

1. 經文描述勞苦工作帶來財富上的成功，這如何能使人感到沮喪？金錢能帶來甚麼樣的滿足？
2. 你能否從現實生活中舉例，指出一些富有人家帶著悲傷或怒氣而離世的例子嗎？

請閱讀傳道書五章 10 至 17 節。

經文形容金錢如何能帶來沮喪。我們所有人都會認同，金錢是在這世界上生活必需的，也會認同我們必須要為金錢而工作。我們在理解這一點之餘，仍然可以從中得到滿足感嗎？如何做到呢？

我們如何追求金錢？

1. 請花點時間評估一下你自己的財務狀況。你認為自己富有嗎？貧窮嗎？還是得過且過？你滿意自己現在的財政狀況嗎？還是你會間或感到焦慮，甚至驚慌？

2. 論到你的財政狀況，你覺得你的將來有希望嗎？抑或感到憂慮？
3. 請花點時間評估一下你自己的工作狀況，不管是在外面的還是在家裏的工作。你滿意自己的工作嗎？你喜愛還是厭惡自己的工作呢？為何會這樣？或者，為何不會這樣呢？
4. 你認為自己是工作狂嗎？你的配偶或親密好友覺得你的性格如何？
5. 你工作賺錢主要是為了糊口？為了發財升官？為了自己在別人眼中的聲望？為了幫助他人？
6. 你怎樣將基督跟你的財務和工作狀況連繫起來？你向來又怎樣將你的財務和工作與你的屬靈生命分開呢？
7. 在基督裏尋找你的終極意義，如何能幫助你面對金錢和工作時，能取得一個較好的平衡呢？
8. 甚麼經文能幫助你保持那種平衡？

4. 追求快樂
快樂能讓我滿足

接下來的兩星期，諾厄一大清早出門已經漸漸變成習慣，甚至連晚上睡前的習慣都改變了。很多個早上，他都沒想過要告訴瓊自己是否會夜歸，而很多個晚上，他只直接上牀睡覺，連像平日看幾頁財經季刊的偏好也沒有了。

日復一日，他只會在瓊或兒子問他問題時，才說句話。瓊將諾厄的沉默，或者怒氣——她自己也不知道是哪一種——都歸咎於自己。她只知道那一次在車上突如其來、心直口快的對話，似乎已經改變了她的生活。

有一天早上，諾厄說了一句話，暗示他可能會飯碗不保。瓊想詳細了解一點，但她知道最好不要問長問短，她知道該怎樣做。她上網翻查招聘廣告，擔心萬一那種無法想像的事真的會發生。不過，相比於諾厄是否有機會回去繼續工作，她更害怕諾厄的沉默不語。

有一天早上，瓊走到衣帽間時，發覺諾厄的旅行袋、最漂亮的西裝，還有幾件最名貴、最筆挺的襯衣都不見了。她立刻去看看他是否也帶走了剃鬚用具。果然，都一併不見了。她的心沉了下來，腦袋開始胡思亂想。他要離開她嗎？她一直沒法想像諾厄有外遇，但她想不出別的解釋了。

這是她一生中最漫長的早上。

就在午餐之前，瓊打電話到諾厄的辦公室，電話接通了並等待對方接聽。她一直等，手顫抖著。有好幾次她差點要掛線。最後，一把熟悉的聲音從另一方傳來了。「早安。布拉澤斯聯合公司。這裏是諾厄．亞當森的辦公室。請問有何貴幹？」

「你……好，珍妮特。我是瓊。請問諾厄現在方便聽電話嗎？」

停頓了好一段時間之後，換來一個吞吞吐吐的回答：「瓊，不好意思呢。諾厄現在身處紐約。他乘了今早六時的航班去拉瓜地亞（LaGuardia）了。他整天都要開會。你想我通知他打電話給你嗎？他應該會在下午打回來聽留言的。」

瓊聽到自己的脈搏在砰砰地跳。她聽到珍妮特的詢問，但就是說不出話來。她總不能叫珍妮特提醒諾厄，他是有婦之夫。

最後她回過神來，說：「好的，麻煩你叫他致電給我。」

在他的助手還沒來得及回應之時就掛了線。如果他一直都在開會，大概不會接聽自己的手提電話，她在他的電話上留言倒作用不大，反而他更有可能會從珍妮特那裏聽到她的留言。

這天她為沉悶的跑腿工作奔波，讓自己可以間中忘記諾厄，而且沒有被自己的胡思亂想拖垮自己。剛好在晚餐之前，諾厄終於打電話來了。

「嗨，寶貝。是我，諾厄。」結婚接近十九年以來，諾厄從不會用親暱的稱呼叫她，更何況是**寶貝**。這聲**寶貝**並不討好，而且跟他平日語音短促，不太友善地跟她打招呼的表現大相逕庭。

「對了，」他繼續說：「很對不起我沒有——等一等，加理（Gary），一分鐘後我就來了——我沒有告訴你發生了甚麼事。昨晚我發現自己要去紐約時，實在已經太累了，所以沒有跟你說。總之，會議會一直進行到明天。我已經訂了回程機票，但也用不著了。所以呢——加理，等等，不要留下我啊。我不知道我們會去哪裏吃東西呢——對不起，瓊，我們現在要去吃點東西、喝杯酒輕鬆一下，放心，是他們喝酒而已，我是被他們指定負責叫計程車的。會議還未到最終決定。我不是做替罪羔羊，就是做大英雄的了。目前我已經長了羊角出來，假如我再說下去，要那些大人物等我的話，我就連羊尾巴都長好的了。有空再打給你。拜拜啦，豬豬。」

瓊放回聽筒。**豬豬**。他從來不會這樣叫她，從來沒有。他喝醉了嗎？

抑或，他是説給另一個人聽？

諾厄覺得頭昏眼花。他知道自己跟瓊對話時的表現異乎尋常，不像平日的自己。他裝模作樣，是想在同事面前掩飾他與瓊之間的緊張關係。他掛了線，轉身看著三個身穿幾乎一模一樣的灰色西裝男子，他僅僅可從他們的領帶分辨得出他們。他們黝黑的臉孔標誌著他們是人生遊戲中的常勝老手。他們瞥了諾厄一眼；不是不耐煩，就是可憐他，但又高傲得暗暗將這情感隱藏起來。他讀不懂他們的心理。假如他能解讀到他們那一閃而過的神情，或許就能判斷到自己明天可以職位得保，還是被棄於街頭。

會議基本上是長達六個小時的勢力爭奪戰。會議室裏八個巨頭，包括兩個擁有布拉澤斯聯合公司的男人，已經花了首幾個小時分析諾厄有關買賣彼爾遜家具的報告。數據在會議室裏飛來飛去，好像一羣鴿子在高速滑翔，卻降落在距離原來啄食東西之處只有數尺的位置。然後，另一陣財務數據表暴風又從其中一個巨頭那裏刮起來。

諾厄知道自己是滋事分子——一個來自芝加哥辦公室的分析員，自命不凡而在公司興風作浪。他對彼爾遜股票的分析涉及心理投射的層面，而這種分析方法在布拉澤斯從未應用過，事件因而轟動到安德吉安（Andrajian）兄弟。

這公司就是由這兩兄弟創立的。他們父母在一場最不為人知、最缺乏關注的大屠殺中被殺後不久，他們二人來到美國。金錢對他們來說，不是代表財富或者特權，而是為抵抗將來大屠殺的保障。眾所周知他們對創新意念分外小心。再者，由兄弟二人所創立，二十年來一直沿用的運作體制，建立了全國其中一個最強大、最成功的股票公司，會議席上沒有人敢冒險挑戰。

諾厄提議撤出彼爾遜股份時，已經知道自己冒上了極大的風險。不過，他不明白險情有多嚴重。他選擇將自己這塊缺乏後援的小小石頭投進這條企業文化的洪流，而不明白流水的衝力會有多大。六個小時之後，他仍未清楚這塊石頭是否已經不費吹灰之力地跳上了急流另一旁的岸邊，還是一沾水就已經沉了下去。

他倒知道自己不能拒絕與他三個同事出外吃吃喝喝。經過一天裝模作樣，密謀心算，他絕對須要外出找一間酒吧吃喝一番。至少，他可以脱下他的西裝外套。

他極度渴望能回到自己在四季酒店（Four Seasons）的房間，捲在被窩裏。不過，他要跟著金錢的流向，也要跟得上別人的對話內容，從中知道明天地位與權力的格鬥將會如何進行。

他想知道斯蒂芬和薩姆·安德吉安（Stephen and Sam Andrajian）這晚會做甚麼。他無法理解為甚麼他們堅持要自己的員工住在全紐約市最昂貴的酒店之一，而他們二人卻在阿爾岡酒店（Algonquin）同住一個小房間。阿爾岡酒店是一間作家酒店，充滿著歷史、暗角和海明威（Hemingway）、維吉尼亞·吳爾芙（Virginia Woolf）的鬼魂。

詹姆斯·麥克納（James McKenna）説：「來吧，諾厄，是時候放鬆一下了。我們就讓你在一天的馬拉松式會議之後減減壓。」他是整個安氏兄弟王國中的首席分析員。「嘿，兄弟，首次匯報之後，你似乎處於下風呢。你在幹甚麼？看著我們方寸大亂，而你自己就像禿鷹般，在另一端爬起來嗎？你的確是那種下了炸彈後會默不作聲的人。不過，明天我們便會知道那筆資金會放在哪裏。」詹姆斯放聲大笑，語氣親切但帶有不祥的意味。

這夜，他們在全城最好的意大利餐廳吃了一頓菜式豐富的晚餐。五個侍應來來回回，奉上一份份開胃小菜、新鮮橄欖、享負盛名的麵包，還有美味得連老饕都為之神魂顛倒的沙拉。他們吩咐侍酒員不用限制價錢來為他們侍酒。第一杯酒，清清味蕾。第二杯酒，宣佈一場折墮的盛宴即將展開，要麼他們吃個清光，要麼就倒掉未吃完的食物。整頓晚餐簡直是一場折磨，是教人無法抗拒的美食誘惑，就如人被捆綁在船桅上，面對著海上女妖送來的意大利麵一般，是無法抗拒的。

來到主菜之時，諾厄已經把這天忘記得一乾二淨。他已經忘記了瓊，忘記了那記討厭的電話，他甚至忘記了明天。快樂已經抹掉了他的過去；快樂已經刪除了他的將來。在這個星期裏，他第一次感到自由和快樂。諾厄呷一口酒，是第四杯酒了。他對酒並不陌生，只不過今晚他喝得比平日多很多。

過去數星期，從他第一個有關投資彼爾遜的匯報、在傑克和馬西婭的車上瓊跟他的那段具破壞力的對話，到現在忙忙碌碌地不停開會、公幹，所有事情都被漸漸淡忘了——就連諾厄自己的焦點都漸漸模糊了。他看看手錶，發覺自己須要使勁盯著它，才辨別到錶上的時針和分針。

這晚就在戲笑歡鬧，對人、對地位、對權勢不停吹噓之中度過。諾厄不怎麼說話，但卻笑得比平日多。這些男人在深不見底的職場漩渦裏都是較巨型的鯊魚，但晚上外出消遣，他們便變成了口才了得的説話專家，非常擅長説故事。對諾厄來説，這頓晚餐猶如坐在吊牀上過了好幾個小時。

他們大夥兒吃完了，再給每個人小費，由侍應到大廚，到餐廳總管，每個人都有。然後，他們往東走過兩個街口，來到廣受歡迎的爵士樂熱點藍調（Blue Note）。街上鬧哄哄的，播放著鄉村樂隊（Village）那種不協和的音樂。諾厄跟著其他男人的背後走，並凝視著那些身上釘了閃石的女子，那些閃石就好像晚空中的星星般閃爍著。涼風吹來的香氣、刺激著感官的身體、酒精引發的興奮，帶給諾厄一份睡眠以外他甚少有機會體會到的喜樂。

這晚最後剩下來的，是一片模糊，其中夾雜著音樂、酒精、對話。諾厄甚至記不起自己是甚麼時候回到酒店房間，如何換掉衣服，或者有否叫酒店服務生安排鬧鐘服務。快樂給了他一個神話般的極樂假期，而他在那裏徘徘徊徊，久久不想離開——直到無法抵擋的晨光喚醒了他，帶他回到無法逃脱的現實世界。

瓊看著兩個孩子躺在地毯上伸懶腰，頭倒栽在她千叮萬

囑他們不要用的沙發抱枕上，呆呆地盯著她叫他們不要看的七十年代重播劇。今天，她不理會了。她要準備晚餐。這天她為了那些無須動腦的跑腿工作和憂心的事情，已經耗盡了她的體力和心力了。

她在冰箱搜尋一些只須用微波爐翻熱的食物來弄晚餐，卻只找到冷冰冰的剩菜，是之前幾頓乾巴巴的晚餐留下來的——這些東西，任她如何哀求、威逼、利誘，孩子都不可能願意吃。她決定要跑到附近的波士頓市場（Boston Market）。縱然她孤苦零丁，為丈夫愁出病來，至少她還可以讓自己和孩子享受一頓比一般快餐好吃一點的晚餐吧。

她往親子活動室喊了一聲，說半小時之後會回來。他們低聲哼了一聲作回應，這一聲表示不管她要上月球，還是投身海軍陸戰隊，他們都沒意見。

瓊一開車，便往播放機塞了一張舊唱片，開始輕聲唱葛瑞芬（Nanci Griffith）那首《生不逢時》（*Time of Inconvenience*）。她很喜歡葛瑞芬那種來自德克薩斯州東部（East-Texas）、帶有鼻音的性感嗓音和那些情感豐富而哀怨的弦外之音。那首歌裏有些東西直接說出了瓊的憂傷。葛瑞芬的苦楚也就是瓊的悲痛。葛瑞芬的歌詞唱出了瓊心裏未說的話。不知怎的，歌曲的魔力令瓊輕輕的踏著拍子，心裏抱有希望。

瓊一直都討厭諾厄偶爾的公幹，但卻從沒感到比現在更孤單。下午的通話是他們婚姻中最糟的一次對話。他還沒有道歉，也沒有給她任何提示告訴她發生了甚麼。

還有，他叫她**寶貝**。

她開始想著波士頓市場那香濃多汁的忌廉菠菜。她知道孩子討厭任何濕濕的、青青綠綠的東西，但她決定自己想吃甚麼便吃甚麼。她會用白肉、青嫩的菠菜、一堆堆馬鈴薯泥，和她在孩子生日派對時留起來、藏在蔬菜櫃裏的那件巧克力蛋糕，為自己療今天的傷。

諾厄可能有外遇，不顧一切地過著他自己匆匆忙忙的生活，但她也知道怎樣縱情滿足自己。她也知道怎樣設宴狂歡。她會找一張影碟，看一齣哭哭啼啼的少女電影，拿一本《人物》(*People*)雜誌來翻一翻，吃完晚餐再跑去泡一個暖水浴。她不會再顧忌甚麼，讓自己完完全全縱情滿足。那麼，然後——

我不會吐的。**我不會吐的**。這幾個字忽然從她心底裏湧出來。從前她渴望藉暴食和催吐來驅走自己內心的魔鬼，沒有人知道她偶爾還要竭力抵抗這種慾望。

瓊唸初中的時候，常常拼命地吃垃圾食物，然後強逼自己吐出來。她一直都很討厭那種酸酸的、不乾淨的味道，對自己這種粗暴行為感到很羞恥。但這樣亦帶給她一種深層的慰藉，是跟她在這苛刻、滿有怒氣的家裏所得到的一切都無可比擬的一種快樂。

暴食和催吐曾經是慣常動作。直至有一年她開始參加校園查經小組之後，她跟一個男性校園領袖懺悔自己有這個她稱為「骯髒的陋習」時，他緊皺著眉，叫她找一個女性同工談談。瓊沒有這樣做，但他的反應已經加深了她對自己的厭惡。他的反應似乎幫助了她，她連續幾個月沒有再恆常地暴食和催吐。基於這些原因，這習慣消失了。雖然偶然會有一時衝動，但她十五年來她沒有再逼自己嘔吐了。

那個想法是從哪裏冒出來的呢？她想了想。**到底我出了甚麼問題？我想好好享受這一晚，卻不知怎的那種痛苦感覺仍然殘留著，本來美好的一晚被我這種想嘔吐的感覺破壞了。怎樣會如此討厭呢？**瓊一下子打開唱盤，取出那張唱片，再使勁地按下收音機頻道至基督教電台，在餘下前往波士頓市場的路途上聽著詩歌。

她提著大包小包的食物回到車裏時，電台正播放著一個清談節目：

「……我們今晚的嘉賓講者，是作家——查克．理奇伯格（Chuck Richburg）。他亦是《進入天國的七個方法》（*Seven Ways Get Heaven Now*）一書的作者。各位聽眾，我一直期待著這次訪問，期待了好幾星期呢。查克，你這本書給我們帶來盼望。現在很多書都告訴我們人生艱苦，而你的書倒是絕望中的一大良藥。歡迎你來到節目當中。」

「倫納德（Leonard），很高興可以跟你一起主持節目。你剛才所說的真的很對。我寫《進入天國的七個方法》這本書，是想讓基督徒知道我們都是勝利者，在生命中已經得勝了，而神希望現在就將天國的快樂賜給我們。」

「查克，不如你說說聽眾最期待聽的信息吧！我們怎樣才可以得到一點永恆的獎賞呢？」

「我認為，懷著感恩的心接受神在這地上賜給我們的一切事物，是很重要的。就以一頓晚餐為喻，假如廚師準備了佳餚盛饌，但你卻不走到餐桌前，舉筷進食，你便永遠享受不到廚師如此精心烹調的美食。那會是一種侮辱，也是一件憾事。我們要期待上主每天為我們擺設的筵席——祂將美食端到為我們擺放好餐具的餐桌上，讓我們躺臥在祂那份猶如青草地的愛裏。」

「好一個借用詩篇二十三篇的比喻呢，查克。那麼，我們怎樣才可以參加這筵席呢？」

「不如就讓我們看一看那七個神透過聖經給予我們的應許吧。這些應許都準確地告訴我們，如何做才能確保自己能在那盛大的筵席中有份。第一步，是——」

瓊砰一聲拍了一下關機的按鈕。她已經聽夠了關於神的恩惠、快樂、天國的食物、為了保證得到神的賞賜而做「公義正直的事」之類的言論。她讀過相關的書。她參加過相關的座談會。然而，她很憤怒。她覺得有某種對神不敬的刻薄念頭正在心裏冒起來。她想咒罵——她不知自己想反對誰，但卻很想讓這世界上某個人知道，她在反對那些奉基督的名而說的話。

她駛進車房，隨意抓點食物給孩子。她沒心情祈禱。她沒心情吃東西，沒心情看影片，沒心情看雜誌，甚至沒心情享受暖水浴。她感到很厭倦。剛才在車上聽到的，以及生活中的痛苦在她腦海裏嗡嗡作響，如果有方法能除掉這些煩擾，就算要她嘔吐，她也會很樂意。但現在她除了佈置好餐桌，在孩子的餐碟上放滿雞肉和份量足以惹他們生厭的菠菜，再讓他們將那隻防禦力全失的小雞撕破之外，她不能再作甚麼了。

瓊走到書房，拿起她的聖經。她聽過那兩個男人談及的詩篇，不過她想看到白紙黑字印出來的經文。她將厚厚的、皮革書套包著的書卷放在膝上翻看著，直到她找到了詩篇二十三篇。她讀到4節時，開始大笑了：

我雖然行過
　　死蔭的幽谷，
也不怕遭害，
　　因為你與我同在；
你的杖，你的竿，
　　都安慰我。

說得好，她心想。**兩個了不起的電台聖經教師，就是漏了這一節關鍵的經句。人可以得到安慰，但是在死亡的幽谷中，而不是天國的逸樂中。當我的人生好像要瓦解了，我的丈夫不見了——又或許是真的離我而去了——而我也很厭倦我自己的時候，那麼，神的安慰到底是甚麼一回事？傷害別人、看著朋友受苦，我都感到很厭倦了。我真的很厭倦、很厭倦、很厭倦。**

豆大的、圓滾滾的淚珠，從她心裏那看不見、卻一直抑制著她內心情感的堤壩，突然湧出來了。她向這種悲傷中帶來的快樂屈服了，而她的淚水一直湧流到河裏，湧到那條在她以前的很多聖徒都曾經踏足過的河流；這條河流，當他們的腳一觸到河水，河水就立起成疊，讓他們行在乾地上渡過河流。

偶像：「快樂能使我滿足」

有人覺得，快樂即是性。又有人覺得，快樂即是食。其他人則透過看電視，無須動腦筋的來逃避現實，或者透過肉身體驗具生命威脅的危險，引起腎上腺素上升而得到快樂。當人追求這類快樂的心態變成欲罷不能的熱中時，這些快樂便會成為偶像，而一如任何偶像，它最終都會令追隨者失望。

不論是哪一種快樂，效應都是暫時性的，而且快樂過後，我們往往痛得比以前更深。的確，留住良好感覺比留住風更困難。但這個現實阻止不了我們大部分人繼續嘗試。

諾厄的真正快樂來自工作，但經過精神緊張、變幻莫測的一天，他將自己的恐懼和疲乏轉化為吃吃喝喝，在城裏度過五光十色的一夜。瓊則利用音樂來安撫自己破碎的心靈。她也是藉著享受特別的晚餐、縱情於電影和暖水浴中，逃避內心的恐懼和痛楚，應付恐懼和痛楚。

那麼，我們應該如何看諾厄從那天的戰爭中逃出來的行為呢？他縱情品嘗美食、享受美酒，顯然是他努力想將那一天的經歷拋諸腦後的表現。而瓊為那個晚上的計劃，顯然是她試圖從那份折磨人的憂慮中暫時放鬆一下。

他們做錯了嗎？抑或，基督徒尋求快樂來緩解厭煩或痛苦的感覺，絕無不可？

「神總是掃人興的？」

- 如果它很美味，那很可能會致癌。
- 如果它使你感覺很棒，那一定是不道德的事。
- 如果它很好玩，那很可能是危險的玩意。
- 如果它散發出誘人的香氣，那有可能是迷惑人心的東西。
- 如果它聽起來很悅耳，那很可能是膚淺的東西。
- 如果它教人歡喜快樂，那一定是違背聖經教導的東西。

我們大都是聽著父母、師長和教會在耳邊不停警告、叮嚀之中成長。有時候，基督教會被視為大部分快樂的敵人，而且特別針對那些取悅人的嗅覺、觸覺、味覺、視覺和聽覺的**感官**快樂。畢竟，我們基督徒總是著眼於自己的靈命成長，而不是那會把我們扎根在現世的肉身的成長。

有些享樂的形式絕對是荒謬離譜的。瓊在她人生的某個時候，從暴食和催吐——那是一種又危險又無益的行為——之中找到一份不尋常的快樂。我們也不難想到其他放縱感官享受的例子；這些享受聲稱會帶來快樂，但最後卻只會加添傷痛。

然而，聖經絕不否定快樂本身，相反，其實有很多經文都為此稱頌神。詩人寫道，

他使草生長，給六畜吃，
　　使菜蔬發長，供給人用，
　　使人從地裏能得食物，
又得酒能悅人心，
　　得油能潤人面，
　　得糧能養人心。（詩一〇四 14～15）

「酒能悅人心」意味著透過酒的化學作用，人能享受某程度上的喜樂。酒醉可分為幾種不同的程度，而經文所指的是一種輕微的興奮，一種因著酒精而產生的微小但正面的情緒轉變。詩人認為，這種事不但不為神所反對，反倒是祂賜下的恩惠中一部分。

這種主張對很多基督徒而言，是偏激乖張的。詩人為了

神賜下的酒能緩減悲傷和增添快樂頌讚神，但這種讚美倒會得罪不少人。可是，聖經這裏並沒有説錯，連同很多其他歌頌感官快樂的經文都沒有説錯。我們實在須要依據聖經清清楚楚地説，重新建立我們對快樂的觀點。

試回想一下舊約時代神給予祂子民的應許。神應許賜予祂的子民屬於自己的國土，一個「流奶與蜜」的特殊地方（出三8，三十三3；申二十六9）。奶與蜜，都刻意強調出感官體驗的意象，讓人聯想到這些濃郁、甘美的漿液延留在味蕾上的感受。兩者都是祝福和享樂的鮮明象徵。

又或者，我們可以看看，耶利米書當中常被稱為「安慰書」（Book of Consolation；三十一～三十三章）的篇章裏提及的，神給予同樣著重於感官體驗的應許。耶利米描述神的子民會因自身的罪承受懲罰之後，便對他們講述這個上主的應許：

因耶和華救贖了雅各，
　　救贖他脱離比他更強之人的手。
他們要來到錫安的高處歌唱，
　　又流歸耶和華施恩之地，
就是有五穀、新酒，和油，
　　並羊羔、牛犢之地。

他們的心必像澆灌的園子；

他們也不再有一點愁煩。（耶三十一 11～12）

神創造了擁有感官和慾望的我們，不是毫無原因的。祂創造了一個美麗怡人的世界，是為了讓我們滿足。我們的肉身不是陷阱，我們不用無視或傷害肉身，以達成靈性上的覺悟。這是佛家思想，而不是基督教的想法。世界不是一個能遮掩真正實況的陰影。我們的心靈不是受肉身拘禁的。世界是真實的，是神為了人類的享受而創造的。

快樂能刺激我們的感官，能增強我們的認知能力，能讓我們在日常刻板的生活中得到鼓舞，能幫助我們在逆境中生還。更重要的是，快樂能引導我們面向神，感動我們頌讚祂。快樂是真正神賜的禮物。

如以性接觸為例，我們便能清楚明白到這一點。性接觸可算是所有人類體驗中最著重肉身感受，最富情趣的一種。性親密行為能刺激人類一切感官。聽覺、嗅覺、味覺、視覺，當然還有觸覺，全都在性愛行為的過程中發揮作用。雅歌（或稱《所羅門的歌》）是聖經中的書，也是一首情意綿綿的詩。它藉描述情侶間的愛的隱喻認同了這一點。

在整篇雅歌裏，對女人的描寫都是著眼於她肉身的美。

詩人運用味覺的意象，反映出男人深深地吻遍了她的身體（歌四 3、11，五 1）。男人形容女人的乳房好像一對雙生的小鹿，是一種柔軟的意象，暗示他曾經撫摸過她。每一種可想像到的怡人芳香是描寫花園，亦即是她的身體（四 13 ～ 15）。他們的對話教彼此欣喜若狂，刺激他們達到高潮。

神創造我們去享受肉身的快樂，並且祝福我們因著性、食物、酒、美事而得到滿足。但假如這一切都是真的，為甚麼我們在生命中只找到那麼少真正的快樂？我們享受的事，為甚麼似乎反倒傷害自己？

快樂帶來的問題

神創造亞當和夏娃，讓他們有好好享受生活的能力。祂創造了世界，而在這個世界讓人有機會享受強烈和滿足的感官快樂。然而，首兩個人並不滿足於神無私賜予他們的祝福。他們屈服在誘惑之前，吃了他們不該吃的果子，令自己被逐出伊甸園。從此以後，體驗快樂成了一件麻煩事，既是祝福，又是咒詛。

事實真的是如此嗎？快樂不單能滋養人心，讓人暫時感到滿足，還能使我們更加渴望得到不受時間限制的滿足嗎？我們相信這是有可能的。不過追求快樂這件事本身，也可以是個問題。當中真正的危機，是當快樂使人滿足，卻沒有使人更加渴慕創造一切快樂的神。

誠實的人會坦承，生命是一場掙扎——而傳道書中的傳道者比向來誠實的態度更老老實實地認同了這一點。他觀看人們生活，大部分時間都是「多有煩惱，又病患嘔氣」（傳五17），便繼續鼓勵他們透過一些賞心悅事，來獲取一定程度上的解脫：

> 我所見為善為美的，就是人在神賜他一生的日子吃喝，享受日光之下勞碌得來的好處，因為這是他的分。神賜人資財豐富，使他能以吃用，能取自己的分，在他勞碌中喜樂，這乃是神的恩賜。他不多思念自己一生的年日，因為神應他的心使他喜樂。（傳五 18～20）

這段經文說得極之微妙。大家回憶一下，傳道者是在他立下結論，說人生毫無意義之後，才提出這個意見的。這段經文，和其他類近的，一般都被形容為“*carpe diem*”，而這個拉丁詞彙是指「抓緊今天」，以現代的措辭來說，就是「及時行樂」。

我們要特別留心傳道者在這裏所說的。他提到快樂的目的，是要使我們不再思想著自己的煩惱。我們可以一整晚看著電視，而不去花一點心神想想自己和孩子的關係有多惡劣。我們可以放假去旅行，坐在沙灘上，而忘卻了自己本來那份討厭的工作。換言之，快樂，就有如一種治療心靈的麻醉藥。傳道者指出，在這毫無意義或缺乏終極目標的世界上，那就是我們能期盼的最大心願。

我閱讀傳道書時，不禁聯想到一點：傳道者並不是那些透過簡單的快樂便能獲得滿足感的幸運少數。他因人生挫折而感到極大的沮喪和失望，足以令我以為，他會讓自己跟其他藉喝幾杯酒來淹沒內心失望的人一樣。不過，相反，我聽他說這些話時，語氣感慨中帶點輕蔑。他似乎在說，怎可以不斷活在派對之中，而以為這世界一切安然無恙？即使世界真的極之美好，總會還有一個小小的問題，就是那個將會奪去一切的死亡。

心裏還想著剛剛最後那一點時，傳道者給他的聽眾一個可怖的建議：

往遭喪的家去，強如往宴樂的家去；

因為死是眾人的結局，

活人也必將這事放在心上。

憂愁強如喜笑；
　　因為面帶愁容，終必使心喜樂。
智慧人的心在遭喪之家；
　　愚昧人的心在快樂之家。（傳七 2～4）

假若這個意見看似跟他較早時提出，要盡我們所能盡情享樂的意見前後矛盾，那正是因為這真是個矛盾！傳道者在日光之下掙扎，遠離了神的啟示。有一部分的他希望漸漸忘卻快樂，但他知道這樣做即是要無視現實世界。他發現了一件令他痛苦的事，就是原來遠離神，快樂便只是一種死前讓人暫時分心的事。

那麼，為甚麼快樂最終不能使我們滿足呢？因為它本身意不在此。快樂從來不是用來滿足我們內心最深處的慾望和需要，而是引導我們指望那一位能教我們滿足的。當我們把快樂成為神的替代品。當快樂成為偶像，我們便是在自找麻煩了。

偶像崇拜和沉迷

我很喜歡吃燒烤味薯片。如果薯片烤得剛剛好，調味料的份量恰當，真的會美味得叫人停不了口。可是，我從來都不能只吃一片甚或一包便滿足。我總是想吃多點。我知道吃太多會使自己感到有點不舒服，也會對自己的體重感到相當內疚。但叫我詫異的是，那些頭腦上的認知甚少能夠制止我一片又一片地吃。一片薯片的快樂帶來想要下一片的慾望。

那正是我們在日光之下找到的大部分快樂當中的問題所在。這種快樂從來不能帶來完完全全的滿足感。它總會叫我們想得到更多。不過，我們承認這種快樂稍縱即逝，卻很少因而放棄追求。相反，我們一般都會更加著力地追求快樂，特別是我們感到空虛的時候。

生活艱苦時，快樂不單只是一種消遣，它也很容易成為一種需要。我們很容易會令感官體驗從一種合乎中道的享受，演變成對它一種欲罷不能的慾望。

諾厄把很長、很長的時間投入分析員的工作上。他在彼爾遜項目的研究工作令自己變成了挑戰公司傳統智慧的人，而且把自己置身於一個不成則敗的局面之中，與高層領袖，甚至公司老闆角力。諾厄站起來對抗強大勢力，當中包括一種受到近六十年前大屠殺所刺激著的情緒。他的聲譽和飯碗都危在一線。

會議結束之後，他還須要為融入團隊成為其中一份子，跟大夥兒去吃晚餐。他嘗試跟妻子聯絡，卻只令自己更不開心，尤其是因為他沒有告訴她有關公幹的事。諾厄不論在工作上，還是在家裏，都是處於水深火熱的困境之中。

他出外跟同事吃晚餐，是為免得罪他們，並且為了搜集資訊以得知他翌日會議時採取策略的方向。但他去吃晚餐也是為了逃避一天下來的壓力，逃避自己因與瓊的關係的不安感覺。這個辦法很奏效。豐盛菜餚、任意添酌、隨心交談，令他好像注射了麻醉劑一般麻木了，也正是傳道者在那段關於及時行樂的經文中所提及的麻木感。

諾厄這樣做不對嗎？是。他利用正當的快樂，逃避自己因瓊在車上所說的話而對她生氣，再加上自己對翌日會議的緊張情緒和恐懼，很明顯諾厄是利用快樂麻木自己，讓自己脫離痛苦的現實。那麼，快樂是一種麻醉劑，而不能刺激人們思想神的美善。

快樂是為了推動我們讚美神。每當我們利用快樂來麻木心靈，就如傳道者所說，來逃避面對自己的煩惱時，最終我們往往會過度沉溺，到失去知覺的地步。我們過度追求快樂，都是為了達成最渴望得到的結果：逃避。

有益的享樂是一種受規限的快樂，我們須要明白到這種限制能讓我們的心嘗嘗當下的甘美，同時刺激我們的胃口去渴望得到更多。這種享樂能使身體和心靈充實，但矛盾的是，它也會令心靈飢餓，渴求那地上的快樂不能帶來的東西：與神直接、深情的相遇。

可惜，很少人會抱著這個目的來享樂。反之，他們容讓自己對快樂的追求變成偶像崇拜和沉溺。

試想想一對典型美國夫妻的生活。他們二人一整天勞碌工作，然後花一個晚上督促孩子做好作業，並做妥家務。到了睡覺時間，他們送孩子上牀，給孩子讀一小段聖經篇章，聽孩子祈禱，再吻吻孩子臉頰説晚安。然後，夫妻二人都筋疲力竭了，噗的一聲倒在牀上，急急找來遙控器，看電視，一直看到他們睡著了——直到早晨才起來，重新開始新一天的例行事務。

在本質上，這種生活絕非壞事，而且找一些寫意的消遣來逃避一下艱苦世界中的苦差，也不是全然錯誤的。不過，我們可能會慢慢地、不經意地、不留神地變得更依賴那些帶我們逃離煩惱、給我們心靈注射麻醉藥的事物。我們或許很快便會發現，我們心靈更渴望的，不是神，不是家人，而是家庭生活頻道、或者娛樂體育頻道的電視節目。

或許不是電視在作怪。或許是其他無傷大雅的休閒活動，例如電子遊戲、閱讀、打網球，或者睡覺。又或許是帶來嚴重傷害和危險的尋樂方式，例如濫交、酗酒、吸毒等等。

但是，可悲的是這些快樂的來源之中，沒有一種會使我們得到最終的滿足感。始終，我們要關上電視去工作。始終，我們會從毒品帶來的快感高潮掉下來，毒品始終會失去效力。性高潮會終結，接下來是筋疲力竭，然後渴望另一次性行為來彌補空虛。

之後便是死亡。死亡會奪去一切快樂，不論好歹都一一奪去。我們為快樂而活時，我們知道那會與死亡一同結束，不會再存在。正如傳道者說：「活著的人知道必死；死了的人毫無所知，也不再得賞賜；他們的名無人記念。他們的愛，他們的恨，他們的嫉妒，早都消滅了。在日光之下所行的一切事上，他們永不再有分了。」（傳九 5～6）

假如我們為了快樂而追求快樂，結果快樂只會老是叫我們失望。假如我們是為了那些刺痛我們神經，或者麻木我們知覺的事物而活，全情投入其中，便是上了當。久而久之，這些事物不但不會帶給我們想要的快樂，反之，最終更會帶來痛楚。

苦悶中的陷阱

舊約聖經告訴我們，早期很多神的兒女都受誘惑而拜其他文明中的假神。根據聖經學和考古學的文字記載，這種崇拜最能吸引人的，是它承諾會為人帶來感官上的快樂——因為拜假神往往涉及一些以色列民族禁絕的事情。

我們可以在亞倫和以色列民在曠野中悖逆神而拜金牛犢的時候看到這一點。他們在西奈山山腳已經等候了超過一個月，而摩西則在山上與神說話。終於他們變得焦躁不安，決定按自己的方式做一個偶像。

還記得摩西接受十誡之後，摩西與約書亞回到營裏時，他們之間的對話嗎？

「約書亞一聽見百姓呼喊的聲音，就對摩西說：『在營裏有爭戰的聲音。』摩西說：『這不是人打勝仗的聲音，也不是人打敗仗的聲音，我所聽見的乃是人歌唱的聲音。』」（出三十二 17～18）

他們聽到的，是建造偶像的惡果。人民「坐下吃喝，起來玩耍」（出三十二 6）——大有可能涉及崇拜者之間的性行為；這是古代近東地區敬拜掌管生產的神祇時一種普遍的行為。

重點是，以色列民受到那些應許他們能脫離每天乏味生活的承諾所誘惑，做出那些行為。我們也是一樣，受到那些為我們乏味的世界帶來一陣刺激的經歷所引誘。我們感到苦悶時，便會加倍熱切地追求從不正當的途徑中得到快樂。

苦悶是在人缺乏目標和熱忱時產生的。若然我們對周遭的世界失去興趣，不知道自己在往哪裏走時，我們便會感到空虛和焦躁不安。這種焦躁不安的情緒能驅使我們不顧一切、輕率魯莽地嘗試尋找快樂。

苦悶一般被認為是與閒著沒事做有關，但其實，在我們忙碌的時候，苦悶的感覺也同樣會油然而生。有很多很多人討厭自己的工作，都是因為覺得工作苦悶。這一點對於從事消耗大量腦力的專業工作的人，還是從事重複性體力勞動工作的人，都是同樣真確的。人缺乏熱忱或慾望，對自己參與其中的事情提不起興趣，便會感到苦悶。

苦悶是憂傷和抑鬱的弟弟。當人如果長期感到極度苦悶，這會增加他們感到絕望的比率——甚至更糟的情感。根據弗吉尼亞大學（University of Virginia）的帕特理夏．斯帕克（Patricia Spack）教授有關文學和心理學層面的一項非常有趣的研究指出，苦悶甚至可以掩飾潛在的反叛和攻擊心態。她重新分析一個年青殺人犯的報告；這個年青人偶然間殺了人，而他解釋自己的行為時，則是輕描淡寫的一句：「我很悶。」

那是一個極端的事例，但若然嘗試以過度的快樂來解悶，即使所利用的方法並不那麼危險，也能嚴重破壞本來美滿愉快的人生。

猶記得自己小時候有一段時間一直跟寂寞交戰。我剛從新澤西州（New Jersey）移居俄亥俄州（Ohio）的哥倫布（Columbus）。我沒有真正可以聊聊天的朋友，但卻從閱讀中得到慰藉。書本曾經是(現在也是)我的「首選良藥」。透過一本好書，我可以逃離單調乏味的日常生活，進入一個更加精彩刺激的世界。問題是，我也需要與其他人社交，而閱讀阻礙了我跟其他人建立關係。

媽媽會央求我出外跟鄰居的小朋友一起玩。我也真的很想，但我太害怕自己會被別人拒絕。還記得我曾經走出家門，準備出外玩，但隨即又從另一道門偷偷溜回家。我情願悄悄走上樓梯，回到自己那個頗大的衣櫥，關上門，按開手提電筒，埋首看書看上一整個早上。

我在那個衣櫥裏讀湯姆·史威夫(Tom Swift)的整套作品，還有更多。但久而久之，我看膩了湯姆的書，而且我不能再那麼輕易地將時間打發掉了。還記得我曾經看著掛鐘，看到才剛到正午時間而感到失望。一套好看的電視節目(另一個逃避空虛的方法)播放之前那段等候的時間，對我來說是無止境的漫長，直到我最終大膽地走進鄰里之中，交上幾個朋友，我的新生活才真正展開。

日光之下無新事

苦悶可算是我們人生的共同經歷，因為我們的世界可以是一個很苦悶的地方——或許至少那是傳道者的想法。傳道書一開首便呈現了一幅叫人洩氣——卻很熟悉——的圖畫，描述持續不斷也重重複複的人生。

> 一代過去，一代又來，地卻永遠長存。日頭出來，日頭落下，急歸所出之地。風往南颳，又向北轉，不住地旋轉，而且返回轉行原道。江河都往海裏流，海卻不滿；江河從何處流，仍歸還何處。萬事令人厭煩，人不能說盡。眼看，看不飽；耳聽，聽不足。已有的事後必再有；已行的事後必再行。日光之下並無新事。（傳一 4～9）

今天我在後園門廊那裏寫作，在那裏可以抽空觀看一下後園美麗的秋天落葉景致。那些顏色十分引人注目，但我並不感到驚奇。我在這裏住了十六年，過去這麼多年的秋天我都看到同樣的景致。我幾乎每一天都駛過同樣的路，來往神學院，而當我到一個新地點遠遊，那些飛機、酒店、風景，在哪裏都是大致相同的。我們活得愈久，便愈會變得更加冷漠，因為那些「新」體驗實在不再新了。

甚至連我們的行為也不再新了。政府官員和政治家說我們的社會從未如此墮落；這是他們普遍的手段。身為讀歷史的學

生，我只能贊同傳道者那句：「不要說：先前的日子強過如今的日子，是甚麼緣故呢？你這樣問，不是出於智慧。」(傳七 10)

為甚麼這個問題不是出於智慧呢？因為除了極笨的愚昧人之外，所有人都知道過去的日子比現今和將來的日子差。

尋找良好感覺

日光之下的確毫無新事，所以苦悶是一種無可避免的人生體驗。人常常透過有害又具破壞性的方法來追求快樂，以逃避單調的日常生活。他們認為生命就是這樣子的了，所以不情願去嘗試享受生命中的每分每秒。由於快樂是個假神，誘惑人卻從不滿足人，所以，人便把自己沉溺在過度追求良好感覺之中。久而久之，他們變得十分麻木，麻木到完全沒有感覺。

電影《情色風暴》(*The People vs. Larry Flynt*)是一個對我們社會墮落現象的寫照，故事主要描寫一個創立了《好色客》(*Hustle*)雜誌的色情文學作家，但同時也側面描寫了他妻子的悲劇人生。她是個不容許任何事情影響自己的良好感覺的人。隨著電影的劇情發展，她由一個叫人生懼的女人變成一條可憐蟲，變成不停追求享樂的奴隸。為了達成她的目的，她沉醉於異乎尋常的性行為，也成為了一個嚴重的吸毒者。

性對她來說變得太普通，不能再給予她滿足感。她從一個年青有活力的女人，變成一個憔悴的人，只著迷於追求自己下一次高潮。久而久之，她染上了愛滋病，而她的身體和頭腦漸漸隨著她的心靈衰弱。

很多人都覺得現實中很難找到一個人，好像電影主角妻子一樣。不過，即使是敬畏神的人也可能發覺自己對快樂有一種痴迷卻徒然的追求。

為甚麼呢？因為他們都抱著一種錯誤觀念來尋求神：他們覺得自己是不應該受苦的。

耶穌應許我們現今得享豐盛的生命，將來能與祂一起得享永生。不過，祂從不保證我們的良好感覺可以持續不止。如果期望得到無間斷的歡樂和刺激而尋求祂，便會大失所望，因為我們不得不發現自己的掙扎原來是不會完結的。我們因我們自身的罪而受苦。我們承受日常生活的痛楚，沒錯，還有苦悶。喜樂在哪？豐盛人生在哪？那些我們期待的良好感覺在哪？

難怪我們發覺自己一直追求快樂。那是因為我們不明白神能藉我們實實在在的痛楚作甚麼。

喜樂從苦楚而來

傳道者說日光之下的喜樂轉瞬即逝，又不能滿足我們，而且我們自身的經歷也證實了他所言甚是。聖經教我們明白到，在這個墮落的世界裏，人生是一場掙扎，受苦是在所難免的。按照保羅所說，我們「現在的苦楚」是因為「受造之物服在虛空之下……乃是因那叫他如此的」(羅八 18、20)。不過，聖經也交代得清清楚楚，若然我們信靠神，受苦能使我們成為更堅壯的子民，與神更加親近(彼前五 10)。再者，帶著痛楚來尋求神，而沒有利用快樂來麻木自己，才是找到真正喜樂的祕訣。

瓊去買東西準備晚餐時，她的腦袋可能沒有想到這個現實。不過，當她聽到葛瑞芬傷感哀怨的歌曲時，便輕聲跟著唱。讓她與依玲度過的那一天、她為潔思艱苦生活而傷心的情緒、過去幾星期的困惑和她跟諾厄那通電話帶來的焦慮不安，這些事情當中的痛楚都透過音樂表達出來了。

不過，瓊沒有逃避悲傷。她帶著這種情緒來跟著唱歌。她也決定要好好享受一頓晚餐，逃避了日常為孩子弄晚餐的慣例。她打算來一個好好的浸浴、看新買的雜誌、看影片，這個計劃似乎不太像要逃離現實，反倒似是表示，她除了增強自己的力量來留守戰場，便不能再作甚麼了。

這是一個謹慎、深思熟慮的計劃嗎？不是。瓊感到受傷害、憤怒和困惑，盲目地到處尋找一些方法來讓自己感覺好一點。可是，請留心一下瓊**沒有**做的事。雖然在誘惑之下，但她沒有屈從於昔日暴食和催吐的舊習慣。她沒有再看電視。她打算縱情於比較不造成傷害的快樂——健康食物、一本雜誌、一齣十分喜愛的電影。

但那夜神為瓊另有安排。她憶起昔日從痛楚之中得到舒緩的舊習慣，這回憶迫使她打開收音機。雖然她聽的基督教清談節目所講及的事情太不真實而惹怒了她，但這份激動的怒氣敞開了她的心扉，誠實面對自己的哀傷……和接受自己受的傷能得到醫治的可能性。

對瓊來說，追求合情合理的快樂能帶來慰藉。慰藉帶來舒緩，但也會帶來更深一層的慾望。她想得到更多，這慾望帶她回想起昔日她自己如何消滅內心那份使她失常的慾望，而神利用那段回憶叫她打開收音機來逃避。這樣一逃帶來了一場鬥爭，把她帶回惟一能給予可靠的慰藉和快樂的那一位：耶穌，曾經因為我們的快樂而承受最大痛楚的那一位。

要滿有信心、歡歡喜喜地過活，我們必須明白一個弔詭的觀點：真正的喜樂是從苦楚而來。我們尋找快樂，不是透過否認人生中的痛楚，而是要面對它。「我們又藉著他，因信得進入現在所站的這恩典中，並且歡歡喜喜盼望神的榮耀。不但如此，就是在患難中也是歡歡喜喜的；因為知道患難生忍耐。」(羅五 2～3) 又或者，一如哥林多後書裏寫得很好的一句：「似乎憂愁，卻是常常快樂的」(林後六 10)。

喜樂是從苦楚而來！聽起來很棒，但它到底是甚麼意思？哪是指我們發現自己得了癌症末期的時候，或者自己的孩子被拘捕的時候，我們要覺得歡樂，而不是憂傷？事實絕非如此。

我們可以從苦楚之中得到喜樂，是因為我們知道，並且絕對有把握，這人生不會是我們的終結。希伯來書的作者勉勵他同行的基督徒，對他們說：「因為你們體恤了那些被捆鎖的人，並且你們的家業被人搶去，也甘心忍受，知道自己有更美長存的家業。」(來十 34)

畢竟，我們都知道我們將會再次回到伊甸園 (啟二十二章)。事實上，我們將會體驗到更美好的事情。我們會永遠與神活在一起，在那裏神會為我們擦去一切的眼淚 (啟二十一 4)。如詩人在詩篇七十三篇所說，我們知道，儘管表面上神不悅納的事似乎會讓我們比現在歡樂一點，但將來神卻會接我們「到榮耀裏」(詩七十三 24)。

耶穌自己就是我們的模範，而我們要跟隨祂走在榮耀的路上。我們經歷失望和困難的時候，便是分嘗基督的苦楚。

不過，耶穌的死亡不是祂的終結。斷然不是。祂被帶到祂父那裏，在那裏祂掌管宇宙萬物。同樣，我們將來會得到完完全全的滿足，而現今我們則憑著這份認知來支撐下去。

現今的快樂

那麼，我是否在說，基督教只不過是「將來才可能兑現的空頭支票」嗎？絕對不是。完完全全的滿足真的只會在天國才可以得到，但因為神的恩典，祂讓我們現在稍微體驗一下日後會來的事情。

我們現在嘗到天國的快樂，而那種嘗試一般來自感官快樂。享受佳餚、聽震撼人心的奏鳴曲、嗅百合花的芳香、給心愛的人撫摸——這些體驗和其他的體驗，都有一種能量，可以把我們從焦慮不安的景況之中釋放出來，令我們感受到眼前這些莫名的喜樂。我們活在充斥著困難的世界中，這些喜樂便一直支撐著我們。

這些快樂都是神賜給我們享受的禮物。我們在這個世界找不到我們的終極意義時，我們不用怪責自己享受了這些快樂。我們必須緊記，當我們高興，神也會欣喜。畢竟，祂造了我們的身體，造了其中精密的神經觸覺來體驗各種感官刺激。不論是坐下來享受盛宴佳餚，還是與我們的配偶體會性接觸帶來忘形的感覺，都應該會使我們讚頌我們的創造者，並且展望這些快樂顯示給我們看的天國喜樂。

日光之上的快樂

日光之下，快樂令人沮喪。快樂可以很美好，但在日光之下不會持久，而且最終會叫我們失落。再者，若然我們以為現在的人生就是我們所擁有的一切，快樂的短暫能令我們沉迷地追求、甚至沉溺，也會令我們過分需要再次體會那份感覺。我們可能會渴想一些無益的快樂，被不正當的慾望所誘惑。然後，我們往往只尋求快樂，不顧一切地逃避痛楚。

可是，如果我們敬畏神，便會明白真正的快樂是期待將來的榮耀。不過——以下是一個很重要的特點——這樣說不是指所有合情合理的快樂都是抽象的、滿有理智的、或者屬靈的。相反，感官快樂正是神心中所想。祂造了我們體內細密的神經觸覺，引發我們強烈的感官慾望。祂希望我們可以享受祂創造的世界……但必須在正當的場合之下。

因此，品嘗美食，不是單單為了食物本身，而是為了那是神賜予的禮物。讓震撼人心的音樂作為天國音樂的預演吸引你。讓海洋的氣味、鮮花的芬芳誘惑你。讓你配偶的撫摸和親吻迷倒你。享受神賜予的幸福時刻，將此看作神的禮物，而這份禮物，是讓我們暫時初嘗一下，將來我們住在神的榮耀裏時所得的終極喜樂。

再細心看看

請重新閱讀傳道書一章 4 至 10 節。

1. 5 至 7 節描述三種不斷循環的自然現象。是哪三種呢？你的人生有時候也好像在不斷循環嗎？請列舉一些例子。
2. 10 節問及：「豈有一件事人能指著說這是新的？」你能想到甚麼嗎？是甚麼原因認為它是新的？

我們如何追求快樂？

1. 撫心自問，你最大的享受是做甚麼？假如你有一整天閒暇時間，擁有世上所有金錢，並且毋須有任何罪疚感，你會如何度過這一天呢？
2. 尋找快樂可曾令你覺得很疲累？你會逃避快樂嗎？你會覺得自己是個沉溺的人嗎？別人如何看你的性格呢？
3. 試幻想一下你最享受的一天，只做自己想做的有趣和輕鬆事情。那天之後，你認為自己會感謝神嗎？會嘗試忘記原來神知道你的一舉一動嗎？對於神，會連想也不想嗎？為甚麼會？又或者，為甚麼不會？

4. 在人生中，你享受哪種感官快樂呢？
5. 你會將所體驗的快樂視為神的禮物，或是受它奴役之下的偶像呢？若是後者，你會如何打破這枷鎖呢？
6. 你如何在失望、甚至痛苦之中享受人生？
7. 現今你體會到的喜樂，讓你認識到甚麼有關天國的事情呢？
8. 甚麼經文能幫助你在快樂的時候了解神的喜樂？

5. 追求智慧

知識會讓我登上最高峯

房裏某處傳來電話鈴聲，弄醒了諾厄。他知道自己是聽到響聲的，但他拿不到電話。他覺得自己被釘在牀上。

接下來諾厄留意到的是他的嘴巴。他的口很乾和黏稠。即使找來電話，他也蠻肯定自己會說不出話來。電話一直在響，他也漸漸意識到自己身在何處、自己又應該要做甚麼了。他應該起牀，準備為了自己分析彼爾遜股票的報告而被解雇，又或者——升職。

鈴聲終於停止了。諾厄拖著沉重的腳步去洗澡，沒有照過一下鏡子。他知道照鏡只會令自己覺得更加噁心。**幹麼喝了那麼多酒呢？我還以為沒有那麼多，但可能是因為一邊吃一邊喝酒——的確喝多了。希望我沒有說出一些不應該說的話吧。**

他的腦袋嘗試重組在藍調時的對話，但也是枉然的。他甚至記不起坐回酒店的那趟計程車車程。算了吧。昨晚他說過甚麼，都不能影響安氏兄弟的決定。一切都取決於他們是否願意改變。

布拉澤斯聯合公司經營沽空交易已經有一段很長的歷史，而且他們一直用來決定何時買、何時賣的方程式已經為公司賺了許多錢。諾厄在一個重點股票的評估報告中，切切實實地將那條方程式棄於垃圾車，挑戰公司向來做生意的模式。再者，沒有人真的相信安氏兄弟會容許一個來自芝加哥、高傲自負的分析員帶著公司走另一條迴然不同的路。

傳統智慧不會有大錯的。

諾厄來到三十八樓時，汗水已經沾濕了挺直的白色領口。他找路進會議室時，兩個祕書向他打招呼，但在那裏聚集一起的行政人員並沒有理會他來了。很明顯他是被標籤為作犧牲的祭物，沒有人想被誤會是他的密友。諾厄盡力表現得沉著冷靜，找來一個位子坐下，藏起他的公事包。他的嘴巴還是好像塞滿了棉花似的。

安氏兄弟進入會議室，會議開始了。

弟弟斯蒂芬顯然不是愛閒談的人。他開門見山，點出會議的討論事項。「各位，我們公司多年來都是具實力和競爭力的。我們沒有甚麼感到羞愧的事，反而我們都為你們所做的一切感到驕傲。可是，市場正在改變。商業世界正在改變。

我們必須改變。我們已經仔細看過諾厄的報告，而我們都認為，他在彼爾遜投資項目上的見解和知識，對我們日後評估所有項目和作決策來説，是一個有用的參考模範。」

哥哥薩姆看著諾厄微笑道：「諾厄，我知道這個會議室內，很多人都對你的分析感到疑惑。他們亦可能以為你在這間公司的職位快將不保了。但事實絕非如此。我們希望你能考慮一下出任高級分析副總裁一職，在芝加哥上班，但此外更要為所有其他分析員提供意見和監察他們的工作。我們希望這幾天之內得到你的答覆。當然啦，我們也計劃因應職位的等級而調整你的薪酬。」

薩姆説話時，詹姆斯和他的五個下屬都屏住了呼吸，一面死灰。這顯然是一次宮廷政變，而這個高級分析員真的感到有一把利刃懸在自己頸上。

安氏兄弟沒有等候任何人發言。他們站起來步出會議室。薩姆走過諾厄身旁，厚厚的手掌拍在他肩上，再捏了一下。「做得好，年輕人。」

會議室裏似乎沒有了空氣。所有男人都直瞪著前，不發一言。最後，諾厄站起來。他收拾公事包，全場的人動也不動。就在諾厄走到門前時，其中一個初級職員終於開口了。「做得好。我很期待與你一起工作。」

諾厄走出會議室，覺得天旋地轉。他簡直無法弄清剛才所發生的事。他走進升降機，不知道自己應該手舞足蹈，還是保持他專業的冷酷樣子。他很快計算到自己的薪金將會增加三倍，而他的權力也會比他在芝加哥辦公室的上司高出很多。其實，諾厄逐漸發覺，自己已經變成他們的上司了，至少在那些影響他們最基本的運作事情上：影響他們的賣買，因而影響他們賺多少錢。

他走出門口，向著五十四街方向走，一陣猛風迎面直吹向他臉上。他的知覺甦醒了，那陣空氣好像帶有砂石一般。他看一看手錶，知道距離回芝加哥的航班起飛時間還有五個小時，於是決定四處逛逛。他昂首闊步，大搖大擺地走，猶如自己是金融世界的世外高人。

諾厄輕快地走著，風從石屎峽谷中穿過。他忘了帶風衣出來，卻絲毫察覺不到天氣愈來愈寒冷。

他在一間三層高的書店櫥窗前停下來。櫥窗內其中一本書承諾讀者能在一年之內獲得個人財政上的保障。「有趣。」他喃喃自語：「我剛剛在十分鐘之內已經做到這一點了。」

諾厄回想起多年來讀書的時光，在研究院學習時遇上的幾個好教授，跟那些鼓勵他投身風險高的股票世界的人談了很久的對話，然後，他輕輕一笑：「不是呢，我倒是花了超過十五年，來讓剛才那十分鐘的事情發生呢。」他一想到自己花了那麼多個小時在那些表面上毫無目的的研習、閱讀和對談上，便打了個寒顫。刺骨的寒風領他進入書店。

就在諾厄走進暖烘烘的書店時，噁心的感覺又來了。他當作是前一晚放縱沉溺的後遺症，沒有理會。他走到最配合他口味的展書區：商業。他走到金融大師那列書架的走廊時，那些金融大師向他招手。商業書光澤堂皇的封面一般都放上了作者的照片：膚色黝黑、信心十足、神色從容、富有而不覺羞恥的。諾厄從書架拿了幾本書，找來一張舒服的座椅坐下，翻看一下這些書。

第一本書承諾會帶領讀者透過房地產交易賺大錢。第二本書預示將會有一場大災難，叫人們必須用黃金來為幾乎一文不值的鈔票保值。第三本書提出一個能保證讀者穩賺百分之十二純利回報的投資策略。諾厄看著這些無價值的預言、承諾，放聲大笑，將三本書都丟在地上。書店聘了人手來收拾書本的，他不想他們失業。

諾厄離開座椅，走到心理學的展書區。他拿起幾本書，發現它們講論的都大同小異——只是著眼點有別而已。感到絕望嗎？這本書會使你十星期之內好起來。離婚了嗎？你可以拋開一切煩擾去尋覓你配得的愛情。

他很少逛書店裏的宗教展書區，但現在他感到有一股拉力，拉他到那個書架去看個究竟。他略過那些教授新紀元禱頌、通靈，並讓讀者有機會成為神或如神的、教授予人權力的靈性的書。最後，他找來幾本似乎以聖經作為根據的書。他回到那舒適的座椅，每本書他都粗略地看一下它沾滿塵埃的書套和首幾頁內文——然後又大笑起來。宗教書籍所用的方程式，跟他在商業書、心理學書上見到的一模一樣。

每本書都許下那些他知道不可能兑現的承諾；如果這些承諾能兑現，便會比聖經所提及的承諾更加厲害了。每本書都以鄭重的口吻，説著同一個無人願聽的信息。只要依從這四個步驟（或者七個、十二個步驟）——易懂，要求有點高，但確實挺簡單便能做到的——你也可以隨心所欲。

這些書跟其他的無異。真夠玩味。同樣一份售貨員工作，賣香皂、賣跑車，甚或賣不太露骨的色情刊物，都是一樣。諾厄想到那些圍著會議室桌子坐的男人。他們犯了同一個錯誤。他們選擇運用傳統智慧，結果成了羊羣心理之下的受害者。

諾厄雙手緊緊抱著書本，再次意識到自己剛才已經贏了。他已經贏了，因為他敢打破規範，挑戰制度。他已經走出了老一套的框架。雖然在氣氛激烈的情況下，他可能會車毀人亡、焦頭爛額，但他沒有被逐離場。他已經贏了。

諾厄看看手錶。他進書店隨便繞個圈子，只是花了另一個半小時。他還有很多時間回酒店、辦退房手續和坐計程車到拉瓜地亞機場。

他在五十四街往前行回酒店去。當時大概是早上十時，街上相當冷清。一個寒顫在他背上溜過，所以他加快步伐。風似乎已經刮得更狠了，而他的套裝是擋不住這股寒流的。

諾厄沿路快步走，覺得自己好像一個槍手，剛剛擊退了壞蛋，現在便去領自己應得的獎賞。他走的時候，視線落在前面半條街的一對老夫婦身上。他們不慌不忙地走著，但年紀加上一些他無法描述的原因，令他們的步伐比他自己的步伐慢很多。那女的看上去大約七十歲，頭髮都塞進了闊邊帽裏，又刻意穿上了雨靴；這對雨靴令他回想起自己五年級時見到女孩子穿的那種小靴。諾厄暗暗取笑她這一身為雨天而準備的裝束。當下正值紐約多年來最乾燥的秋天，是不可能會下雨的。

他們除了看起來很奇怪之外，另一件同樣奇怪的事是，即使從他們身後四十碼看起來，他們也那麼恩愛。那女的手臂挽著那男的左臂。他的左臂溫柔地托著她的手臂。很明顯她是走得較慢的一個，但他調整自己的步速來配合她，走起來跟她的步姿一樣。白髮翁彎著腰，頭頂著的大草帽剛好在她肩膀的水平位置。

諾厄加快步伐走近他們。他來到他們身後十尺之內的範圍，便放慢步速，保持一段適度的距離。他們顯然是猶太人；諾厄見到那男的外衣裏垂著猶太教男人晨禱的披肩上的那種流蘇。諾厄和他們的距離近得足以讓他聽到他們的交談，而且他也留意到他們的口音。他估計他們是東歐人。他們的閒談輕輕掩藏了對彼此的親切和關懷，諾厄對這些愉快的對話大感興趣。

在這種時刻，諾厄愛上了紐約。他微微一笑，再走近一點，卻突然感覺到一股胃酸湧到嘴裏和喉嚨深處。他整個胸口都感到如地震般強烈的灼熱。諾厄惱怒自己公事包裏沒有中和胃酸的藥。他大聲呼喊說：「如果我出門前跟瓊說要去公幹，她一定會提醒我——」

他的話說到一半便中斷了。「瓊！我不能相信自己原來還未打電話給她！」他凝望天空。「我在想甚麼呢？我真是個笨蛋。」

諾厄拿出手提電話，輕輕推開屏幕，然後沮喪地低哼了一聲。電池又沒電了。他三步拼兩步地走。他要在登機之前打電話給瓊——一方面是讓她知道那個好消息，但主要是為了自己一直以來待她的態度道歉。

他急步走過那對他一直遠遠觀察著的夫婦，再匆匆轉入一條小巷，他相信這樣能幫他省下幾分鐘。他經過阻隔了通往大街路口的垃圾箱，心裏默默地疑惑起來：**希望這裏安全吧。**

一個少年穿著鬆垮垮的褲子，倚著一扇門。諾厄不發一言地走過，然後他發覺那個少年已經走在小巷中間，於是加快腳步。一會兒之後，他直望前方，看見另一個少年從另一個垃圾箱後面走出來，擋住他的去路。諾厄努力令自己繼續往前走，繼續表現出自信。

少年雙手一把抓住他，動作很快，他最初還以為是他的西裝外套給抓住，但接著他就給扔向牆邊，頭砰一聲撞到了。其中一個少年說：「大聲叫的話你就會死。錢包給我——眼望地下。」

這場暴力的舞劇來得太突然了，令諾厄忘記了自己把錢包放在哪裏。他伸手探入外套的口袋，但找不到那熟悉的脹鼓鼓東西。其中一個少年抓起他的公事包，把裏面的東西全倒在地上，一份份文件在小巷中飄走了。

諾厄到處摸索，又伸手入褲袋裏。他找到一疊鈔票、信用卡和一個沒電的手提電話，但找不到錢包。他把那疊錢交出來，但對這些攔路截劫的人來説並不足夠。

「多點，不然你死定了。」他身後的少年使勁將諾厄的頭再次推到牆上。然後，他感覺到刀片的利刃隔著襯衣擦過他的肚皮。

「我沒有帶錢包。錢包在我的酒店房間裏。我身上有的全都給了你。我沒有甚麼別的了——就只剩下公事包。它可是價值五百元美金的。拿去吧。只求你不要傷害我。」

少年轉過臉來看著諾厄，開始大笑。他的眼神空洞，深不可測的；他顯然在想著一些甚麼的。「他説，他不想我傷害他呢。嗯，我就——」

諾厄顫抖起來，意識到自己胡亂動一下，或者説錯一個字，也有可能會斷送自己的生命。他轉動眼睛，看看左邊再看看右邊，尋找某些可以保護自己的方法。那時，他站著，見到他剛才擦身而過的那對老夫婦就在十尺距離之內。

他驚訝的神情應該是給他們看見了。兩個少年急急轉過頭來——而迎面而來的是連珠炮發的不純正的英文。

「噯，你看看自己，」那婦人尖聲説：「你們幹嘛？你們把這個外人幹嘛了？小惡棍。**野孩子**。你們當他是甚麼？**大呆蛋**嗎？你們要我來教訓教訓嗎？我會告訴你們姐姐和媽媽，你們真是**臭壞蛋**，幹盡壞事。現在放了他，速速閃走。」

老翁站在妻子身旁，手搭在她肩上，瞪著那兩個男孩。諾厄永遠也弄不清楚，到底只是因為兩個男孩不想殺死三個人，還是因為那婦人的責罵罵得他們手足無措，所以他們決定拿了錢便跑掉了。無論如何，男孩抓起公事包，飛快跑開之後，刀片也隨即消失於男孩的外褸裏了。

諾厄動彈不得，也説不出話來。他只是站在那裏，身體黏在牆上。

那婦人加倍輕聲地説：「雅各（Jakob），你問問那個人是否受了傷。」

諾厄終於把自己從牆上撕下來。他仍在喘氣。「我……我沒事。不過，如果你們沒有出現，我就不行的了。」

老翁向妻子眨眨眼。「羅斯（Rosie），如果你想知道他怎麼了，可以自己問他啦。」

她對諾厄微笑説：「我們還未正式互相介紹呢。我先生應該是負責介紹的，他如此無禮，真的不好意思，啊——先——生。」

「我姓亞當森，諾厄．亞當森。怎樣説都是我欠了你們的。你們怎麼知道我身處險境的呢？」

雅各彎腰拾起幾份未給吹走的文件。「我的羅斯見到你轉入小巷，她便説我們要跟著你。我一早便知道我太太一下子決定了的事，就不要攔阻她。」

「那些男孩常常四出伏擊鄰里的。」他的妻子補充說。「他們總是做盡壞事。」

「我真的十分感激。」諾厄麻木地從雅各手上接過那些文件。還未回過神來的他留意到老翁搶救了他的袖珍日程記錄本、一份布拉澤斯聯合公司的宣傳小冊子，和一張星巴克咖啡店的收據。「但你可能會被殺呢！」

羅斯大笑。「你怎樣能夠殺死一個經歷過大屠殺的女人呢？你怎樣能夠殺死一個患癌而不怕死的女人呢？年輕人，你只可能唬到一些愚蠢得以為他們的生命是屬於自己的人。我呢，我太老了，老得不會擔心，也太滿意自己的生命了，滿意得不會懼怕死亡。」

「嗯，我真的不知道該怎樣感激你們才好。」諾厄感覺到淚水開始在臉上慢慢地流下來，就好像恐懼的湧浪最終從他所承受的震驚之中滲透出來。他差點要死了，然而一個老婦將他從墳墓裏猛然拉出來。

這個婦人。

他將自己不停抖震的腦袋埋在手裏，啜泣起來，「我對我太太做過甚麼呢？」此時，他感覺到她的手靜悄悄地落在他肩膀上。

一小時之後，計程車在擠塞的街道上猛然飛馳，直奔拉瓜地亞機場之際，諾厄坐著往後一靠。他頭倚著冰冷的車窗，嘗試理解在腦海裏不停旋轉的影像。

他覺得很震驚，震驚得無法向雅各和羅斯清楚表達自己的情感了。他差點忘了問他們取地址和電話號碼。不過現在他回想剛才發生的事，便發覺一封客氣的感謝信或者一通電話也不會足夠的。他想好好端詳他們的臉，設法做一件他從未對任何人做過的事。他想單單為自己能夠生存而打從心底的感謝他們。

他仍然未能打電話給瓊。他回到酒店時，時間僅僅足以用來收拾行李、辦退房手續和叫計程車。現在他正冒著錯失航班的風險。

他匆匆跑過擁擠的走廊，趕在機艙關門之前到達。他來到他頭等客艙的座位，用力地坐下來，機艙服務員為他用膠杯倒了一杯威士忌，來平復一下在他血管內急升的腎上腺素。就在這個時候，他才真正感受到劇烈的頭痛和肚皮上那個傷口帶來的悸動。他走到洗手間，解開襯衣，檢查一下血管破裂的藍色網紋和凝結中的紅色血塊。

機艙服務員叩門告訴他，他正在阻礙飛機起飛。他不在乎。即使她在他面前尖叫，他也不會加快動作節奏的了。

他慢慢扣上沾了血迹的襯衣，凝視鏡中自己的臉。他要知道自己看起來是怎麼樣的——他想發掘那曾經失去了卻從不知道自己已經擁有的東西。他衰老的臉容回望他，又蒼白又疲累又寂寞，但一團奇怪的火燄在他眼裏閃爍著。平日他做重要的匯報之前，或者跟同事爭吵之前，或者跳進不認識的金融水域裏，奮力弄清一片混濁局面之前，都見過一種火花，但這團火燄跟那種火花是截然不同的。這團火燄是他從未見過的。

他看起來是一個有靈魂的男人。

回家的旅程一路平安。下機時諾厄查看一下他被救回來的袖珍日程記錄本，才驚覺之前安排了這一晚在他家裏進行查經班。他經過最近幾天的時間洗禮，早已把這一晚的安排忘記得一乾二淨。不過，如今他發覺自己很興奮。即使查經班是在下葬了貓王皮禮士利（Elvis）的聖地內進行，而他的車子亦得被扣押起來，他也不會錯過這次聚會。

諾厄一下機，幾乎走不動。每一步他都很費勁，沾上血迹的襯衣黏著他的肋骨，而他也留意到他的長褲給撕破了，上面有一道道髒痕。

他暗自咯咯笑，身邊略過的目光暗示了他大出洋相，但他微笑面對這些目光。

每一個來上查經班的人到步之時，瓊都慌忙為諾厄的缺席致歉。她已經整天在祈禱，懇求神給她智慧。她整天都百感交集，但就是感覺不到自己有智慧。她已經撥打了諾厄的手提電話至少二十次，聽過他的錄音留言。但他的助手還未有他的新消息。瓊不知道他何時回家⋯⋯甚至不知道他是生是死。

傑克聚集眾人到親子活動室，指示他們坐下來。「瓊，顯然你現在很痛苦，而我們也不想干涉。但我們也不想無視你如今正在經歷的事。我們有甚麼可以幫你的呢？」

潔思溜過來坐在瓊身旁，一隻手臂搭在她肩膊上時，瓊漲紅了臉。她感激眼前每一張臉孔帶著的親切關懷，但她真的不知道説甚麼才好。「我想我——」

話到一半她就愣住了，因為她聽到車房閘門升起的聲音。其餘所有人也愣住了。他們等了一段似乎十分漫長的時間，然後，諾厄打開側門，穿過廚房，再走進親子活動室，在那裏上查經班的人都在等待著。他站在廚房和親子活動室之間的通道上，一手拿著風衣，一手提著行李包。他的衣服又髒又亂，一臉倦容。從來沒有人見過諾厄如此骯髒——或者，如此散發著光彩。

瓊慢慢走近諾厄，彷彿有一根拖曳繩索把她拉上斜路。諾厄拋下風衣和旅行袋，一拐一拐地走向他妻子，然後雙臂環抱著她，身子抖震著，看起來無法放手。

她的手臂也悄悄地環抱著他，她領他到她的座位上。諾厄順從地坐下來。

「呃……或許我們得走了。」傑克説：「很明顯有些事情剛剛發生了，我們先離開讓你倆談談可能會比較好。」

瓊開口想回應，但諾厄微微舉起手。「過去幾天——其實應該説過去六小時——所經歷的，都超出我所能描述的，但我想你們留下來，給我幾分鐘時間，讓我告訴你們我剛剛經歷過的事。那麼——你説得沒錯。我有很多事情要跟瓊説，而且至少是現在，給我單獨跟她説説話會比較好。」

傑克坐前一點。「諾厄，你現在很痛嗎？」

「是，我正痛著。如果有人有止痛藥，我可以服幾顆。」

瓊跳起來，不消一分鐘便拿來一杯水和三顆藥丸。

「謝謝你，寶寶。」瓊退後了一下。另一個不熟悉的暱稱——雖然這次他説得很誠懇。

諾厄一口氣吞下藥丸和水，將水杯遞給瓊，然後開始說話。「回程的時候，」他說：「我在機艙後排找來一本聖經，再次讀起傳道書第一章。這一章談論智慧和愚昧的分別，而基本上它就是說，智慧跟其他一切努力也一樣。因為我愈知道得多，愈有智慧，便感到愈憂傷。」

他望向傑克。「這不是準確的引用，而且我也不知道自己是否真的已經完全理解了。基本上它就是說，知識和智慧會把事情弄糟，而不是變好，對嗎？」

傑克點點頭，諾厄繼續說下去。「我不知道如何告訴你們過去幾個星期裏我經歷了的事情。其中一件是，我為了改變我公司的運作方向，經歷了一場激烈的戰鬥，而今天我贏了那場戰爭——不是那場戰鬥，而是整場戰爭。我給晉升為公司的高級副分析總裁。這是一份無上的光榮。然而，我為那些令我達到這一步的事感到羞愧。我一直全情投入這場戰爭之中，而忽視了我太太、我的孩子，還有你們每一個。」

諾厄凝望著在場一張張專注、期待的臉孔。瓊的眼睛一直牢牢盯著地下。

「不過，我今天獲得的成功差點要永遠消失了。我差點便消失了。」此時瓊急忙轉臉看著他。

「我今天差點便死了。」諾厄的身體再次開始抖震。他雙手掩著臉，淚水不受阻礙地在臉頰上淌流著。

瓊猶豫了一下，然後站起來，雙手圍抱著他，緊緊的圍抱著他。傑克本能地垂下頭來。馬西婭跟著做，隨即所有人都默默禱告起來。很多分鐘之後，諾厄的淚水減退下來，傑克問可否為諾厄祈禱。

諾厄正面望向他。「傑克，我從來沒有試過比現在更需要別人為我祈禱呢。」傑克站起來，所有人也自動自覺地站起來，包圍著紅了眼睛的諾厄和沉默無語的瓊。

「天父，我們有幸可以與這兩個我們都很愛的人一起分享這個時刻，這種感覺非言語所能形容。雖然我們說不出甚麼話來，但我們只知道祢是直接的、親自的把他從死亡裏拉出來。不管祢在這件事上的旨意如何，我們都求祢可以藉這件事進一步保守他的心，讓祢贏得他的心。求祢接受他這份感恩之情，並藉這份感恩之情，叫他更加愛祢，更加愛他的太太，更加愛祢從永恆中為他早預備了的道路。天父啊，我們祈求諾厄不要太快就力求搞清楚祢在他生命中的一切作為。求祢也叫他不要營營役役地去試圖掌控自己的人生並搞清楚一切祢想他學習的要理。反之，我們求祢讓他深深體會到祢的愛。」

傑克說了「阿們」後便退後一步，而此刻還有些人在禱告。過了一會兒，他們全都回到座位上——除了瓊。她跪在他腳前，倚著他的膝蓋上。

諾厄看著每一個人，覺得自己已經從夢中甦醒過來了。他見到很多人眼泛淚光。他不能漠視他們的愛。他最後轉向著瓊。「我不知道該説甚麼才好。你知道我一直沒有在我們的關係上花很多功夫。老實説，我曾經真的不再**想**知道你或者孩子的事了。你大概也知道這一點，不過，我之前並不知道。如果我有多點智慧，便會看得見原來你一直在受苦，然後我會做點甚麼的來改變我們世界的方向。可是，我沒有，而且我也沒有甚麼藉口。」

他彎下身來握著她的手。「我已經花了自己整個人生在自己的專業領域裏學習和了解，而且學習和了解得比任何人都多。今天，它帶我來到事業的最高點……也差點斷送了自己的生命。」

「到底發生了甚麼事？」她輕聲地問。

「事情來得很突然，」他説：「我只是一直走著，也沒有怎樣思考的，只是對工作滿懷驕傲和興奮地一直走著。接著……便遇上搶劫。我沒有留心，結果送羊入虎口了。他們有刀；他們準備要殺了我的。不過，後來有一位天使——一位身形稍胖的猶太人天使——挺身而出，救我一命。」

瓊一臉疑惑：「你指的是——」

諾厄微微一笑。「我無法跟你解釋，但之前我跟在這個婦人和她丈夫的後面走了好幾個街口，還在想著他們相愛的情境是多麼美好。他們只能慢慢走，但跟我和你這麼多年來的感情相比，他們彼此的觸碰流露出來的，是更濃厚的愛，更溫柔的情。這倒不是你的錯，而是……」

淚水再次湧流，諾厄閉上眼睛。這次大家都不動了。他們只在等待諾厄繼續說下去。「是我的錯。」他終於可以再開口說話：「我從來沒有看清楚自己對於自己的家庭——對於你，瓊——是一個怎樣的男人。」

他凝視妻子溫柔的眼睛。他搖搖頭：「我以為自己很聰明。怎麼我原來一直都這麼笨？」

偶像：「知識能令我登上最高峯」

我們愈是聰明，便愈是容易為生命掌舵——或許這就是我們一般的想法。我們敬佩中學畢業典禮中獻致謝詞的同學、分子科學家、十三歲的麻省理工學院畢業生。我們為運用機智來擺脱生死困局的電影英雄喝采。我們愛看在電視劇的犯案現場裏，調查員運用他們的追查證據和對基因的知識，破解最不可思議的罪案，我們亦為之驚歎。

我們大部分人都希望聰明一點，因為我們想在資訊主導的世界裏佔優。如我們跟諾厄所見，知識是金，而得到知識就好像擁有海盜的藏寶圖。

諾厄高人一等的知識為他帶來成功，因為他願意踏出傳統智慧的洪流。事實上，他切切實實的知道世界如何運作，所以看到那些自助書提供的方法，都抱有合理的懷疑態度。那些被推銷的智慧，往往是一種通曉一切的錯覺；當現實漸漸呈現出來的時候，這種錯覺便會消失於無形。

那一堆承諾諾厄會得到控制和權力的自助書沒有迷惑他；反之，是令他感到厭惡。他厭惡這些膚淺的解決方案和空洞的承諾，但這種厭惡未能迫使他去質疑他自己的知識基礎或者他自己運用知識所做過的事。這種厭惡僅僅讓他遠離那些不斷推銷的言論，自感優越。這種厭惡透過另一種從神而來的干擾進入他的生命裏，迫使他重新思考他所「知道」的。

追求知識

請聽聽熱切追求知識的人説甚麼：

> 我專心用智慧尋求、查究天下所做的一切事……我

> 心裏議論説：我得了大智慧，勝過我以前在耶路撒冷的眾人，而且我心中多經歷智慧和知識的事。我又專心察明智慧、狂妄，和愚昧，乃知這也是捕風。因為多有智慧，就多有愁煩；加增知識的，就加增憂傷。（傳一 13、16～18）

丹尼爾·高曼（Daniel Goleman）在他的暢銷書《EQ》（*Emotional Intelligence*）裏反駁一個流行的想法：高智商會讓人對世界的一切都瞭如指掌。高曼的研究帶來的結論是「高智商不能保證人生中的成功、榮譽，或快樂」。他接著引用一項對大學畢業生的研究，當中顯示畢業生的智商跟他們的「薪金、生產力或社會地位」，或者他們「對友誼、家庭和感情關係的滿意程度」都沒有關連。高曼總結時說：「在決定人生成敗的因素中，智商充其量只會佔百分之二十，餘下百分之八十都跟其他具影響力的事物有關。」

高曼的研究確認了傳道者在很久以前的言論。這個年長的憤世嫉俗者打破了我們的成見，告訴我們智力不能保證快樂，知識和智慧不能保證成功。我們可能是世界上最聰明的人，但仍然糊裏糊塗地過日子。我們可能知道一切須要知道的事，但仍然失敗收場。

伊甸園裏的知識

可是，傳道者不是第一個來刺穿氣球的人。我們早應該從伊甸園的事件中汲取教訓。

人類吃了樹上的禁果，人性就墮落了，脱離了與神的親密關係。我們全都知道這件事，但卻常常忘了那是一棵甚麼樹。亞當和夏娃吃了分辨善惡樹的果子而叛逆了神。

蛇誘惑夏娃時，牠告訴夏娃那樹上的果子能帶給她更多知識，對她下了魔咒：「你們便如神能知道善惡」（創三 5）。然後亞當和夏娃吃了，他們的知識確實增加了。以聖經上記載的話來説：「他們二人的眼睛就明亮了」（三 7），所以他們知道自己赤身露體。就在那時候，他們逃離對方，又躲避神。

我們又可以聽到傳道者説：「我多有智慧，就多有愁煩。加增知識，就加增憂傷。」試想想在剛剛過去的一百年裏，人類所作的重大突破！我們由騎馬發展到駕車，到發射太空穿梭機。我們由鉛筆進展到電腦，由驛馬傳信進展到電郵和傳真。

但這些無疑是叫人讚歎的發展可有為世界帶來快樂和成功嗎？世界可有逐漸變得和諧和共融嗎？答案顯而易見。在日光之下，追求智力根本是毫無意義的。

若不是智力，便是智慧

通曉聖經的人知道聖經十分看重智慧。箴言說：

得智慧，得聰明的，
　　這人便為有福。（三 13）

更重要的是，聖經似乎看重智慧，特別是看得比智力或知識重。分別在於甚麼？

要被視為聰明，人往往須要知道很多事實。試回想一下昔日讀書的日子，你預備測驗的時候。老師給你大量資料，要你牢牢記著以順利應付測驗。初時，可能是一連串要記寫的詞彙或者乘數表。隨後，便是內戰中的戰事。如果你學習外語，便有一連串生字和文法規則須要牢記。

當你一級一級地升班，學習便不僅是機械式的背誦。你須要綜合資料，明白原則，再在前所未見的問題上應用出來。可是，儘管如此，一切都只是以已知的事實為根基。

另一方面，聖經智慧比較像一種技巧。聖經智慧比較接近要「知道怎樣」，多於要「知道甚麼」。聖經智慧基本上是一種能力，讓人洞悉怎樣才是活出生命的最佳方法。

的確，聖經智慧有很多方面都跟高曼的情緒智商概念相似。情緒智商絕不止於事實，還「包含了自控、熱忱、堅毅和激勵自己的能力」。情緒智商也著重「多方面的能力，例如能激勵自己，面對挫敗仍能堅持下去；能克制衝動，延遲滿足；能調適自己的情緒，不讓苦惱煩擾自己以至無法冷靜思考；能同情別人；能心存盼望」。

有聖經智慧的人能夠成功掌舵人生，不僅因為他們知道很多事實，還因為他們知道表達情緒和下決定的正確時機。他們經歷挫折時不會將自己埋藏在失望的情緒中。相反，他們會正視實況，心存盼望，期待事情會轉好。智慧的核心就是一種知道正確時機去思考、去行動或者去抒發情緒的能力。

智慧的限制

智慧誘人之處在於它能帶給我們成功的人生。智慧能提供方法，給我們在變幻莫測的世界中生存和發展。傳道者曾經説過同樣的話，表示智慧和金錢兩者「並好⋯⋯因為智慧護庇人，好像銀錢護庇人一樣。惟獨智慧能保全智慧人的生命」（傳七 11～12）。

不過，在另一處他亦承認我們不能常常依靠智慧。有時候智慧會令我們失望：

> 有義人行義，反致滅亡；有惡人行惡，倒享長壽。這都是我在虛度之日中所見過的。不要行義過分，也不要過於自逞智慧，何必自取敗亡呢？不要行惡過分，也不要為人愚昧，何必不到期而死呢？你持守這個為美，那個也不要鬆手；因為敬畏神的人，必從這兩樣出來。（傳七 15～18）

我們慢慢思考這段經文，便會覺得這段經文難以置信。你可曾想過聖經提醒你小心過分行義，或過於有智慧？但我們必須緊記，傳道者的想法只限於他在日光之下對事實的觀察，當中不包括靈性的現實。這樣看來，他的觀察就我們看來是蠻真實的。我們不僅認識一些虔誠、有智慧，卻受盡苦難的人，還認識一些不知道神、愚昧，卻盲目地過著幸福快樂生活的人。

我認識兩個人，查爾斯（Charles）和馬克（Mark）。他們的故事正好闡述了這一點。查爾斯為神無私犧牲。他擁有天賦和能量，可以在美國為他自己建立有意義和富足的美滿人生。不過，他和妻子感到被呼召，要到海外傳教。他們多年來在亞洲傳教，結果，透過他們這份自我犧牲的事奉，很多人都前來認識神。現在查爾斯仍然相當年輕，繼續犧牲事奉神。

查爾斯是神的一個有智慧的僕人，他無私地為神犧牲。那麼神怎樣獎賞這個又有智慧又良善的僕人呢？查爾斯身患多種疾病，而這些疾病最終可能會奪去他的性命。他妻子的健康也不好。

相反，馬克雖然多年來一直以各種會上癮的東西來傷害自己的身體，但他仍然活著，而且很富有。馬克醉酒駕駛，令他自己進了好幾次監獄，甚至令不少人進了醫院。儘管如此，他似乎還是很快樂。

智慧的終結

傳道者提醒我們，智慧不能保證美好的人生。不過，即使所有虔誠的智慧人都過著快樂精彩的人生，他仍然會說，致力成為有智慧的人並不值得。他解釋說：「我卻看明有一件事，這兩等人都必遇見。我就心裏說：『愚昧人所遇見的，我也必遇見，我為何更有智慧呢？』我心裏說，這也是虛空。智慧人和愚昧人一樣，永遠無人記念，因為日後都被忘記。」（傳二 14～16）

人類智慧的一大限制，就在於它會因死亡而終結。死亡是個大型的平衡裝置，把所有人都放在同一個平面上。神往往會用死亡或將近的死亡來喚醒人們，要他們知道自己在宇宙裏扮演著的角色是何等渺小及微不足道。羅斯把諾厄從死亡裏拉回來，給他這份叫他醒悟的智慧。

可能有人會回應說，智慧和良善會在記憶中長存，祝福世世代代。可是，傳道者說了一個故事，粉碎了那個希望：

> 就是有一小城，其中的人數稀少，有大君王來攻擊，修築營壘，將城圍困。城中有一個貧窮的智慧人，他用智慧救了那城，卻沒有人記念那窮人。我就說，智慧勝過勇力；然而那貧窮人的智慧被人藐視，他的話也無人聽從。（傳九 14～16）

聰明和愚昧

智慧取決於我們的能力——知道在正確時機和場合去說一句話或做一件事。然而，人類智慧無疑是有限制的。正如傳道者敏銳地觀察所得：「神造萬物，各按其時成為美好，又將永生安置在世人心裏。然而神從始至終的作為，人不能參透。」（傳三 11）

傳道者不是愚昧人。相反，他被許多人認定為智慧人（傳十二 9）。雖然他明白人類智慧的限制，但他也明白智慧比愚昧佔優之處：「我轉念觀看智慧、狂妄，和愚昧。……我便看

出智慧勝過愚昧，如同光明勝過黑暗。智慧人的眼目光明，愚昧人在黑暗裏行。」(傳二 12 ~ 14)

透過這個關於能見與眼瞎的生動比喻，傳道者確實認同在某程度上智慧可以作生命的嚮導。他形容愚昧人是嘗試矇著眼過活，碰到家具而弄得小腿痛的人。智慧人可以充滿信心、安安全全地走生命的路，因為他們張開眼睛，在碰撞之前看清所有障礙物。

請緊記，智力跟智慧不同。世上有些極具智力和學問的人可能是愚昧人之中最眼瞎的——特別是如果他們的智力跟驕傲和防衛心態結合起來。諾厄雖然在他自己的專業範疇裏很出色，但在他自己人生的其他方面卻是極之愚昧。人即使只有一丁點感覺，也會知道甚麼時候他自己的內心世界和他的人際關係出了問題。但諾厄就是看不出半點端倪。雖然他很出色，但又眼瞎又愚昧……直至神利用一場造成創傷的搶劫和一對年長的猶太人夫婦，開了他的眼睛。對諾厄來說，這才是真正智慧的開始。

藉關係重拾智慧

諾厄開始認識到一個簡單的真相：知識和成就讓我們有更大程度的自給自足，但事實上卻是——垃圾。這些東西會令人自以為是，繼而眼瞎糊塗。我們大部分人都好像諾厄，是從眼瞎的愚昧之中給拯救，之後便開始見到光。

聖經裏記載了一個特別意味深長的故事，來說明這是怎麼一回事。這就是約伯的故事。約伯經歷了一段充滿試探的時間，期間他失去了他的財富、他的家庭和他的健康。約伯和他的朋友嘗試利用他們人類智慧的力量、他們對生命如何運作的理解，努力擺脱困境。

對他的朋友來說，有智慧的結論顯而易見：約伯受苦是因為他的罪。解決辦法對他們來說也同樣顯而易見：約伯須要懺悔。問題是，約伯知道他失去東西不是因為自己不聽從神。儘管約伯不知道為甚麼他要受苦，但對於如何有智慧地採取行動，他的確有自己的想法：他會對抗神不公義地加害於他的事。

某程度上，約伯得到他想要的，就是一次與神的會面。但那次會面的意義何在，約伯沒有仔細想清楚。約伯本想就他認為是神在他身上所作的事審判和質問神。到頭來，是神審判約伯，問：

誰用無知的言語使我的旨意暗昧不明？

你要如勇士束腰；

我問你，

你可以指示我。（伯三十八 2～3）

在約伯記裏接下來四章的經文裏，神繼續質疑約伯的智慧和展示祂自己的智慧。祂問約伯有關創造和管理宇宙的一連串問題。神也描述祂如何賦予某些生物智慧，又限制其他生物的智慧（例如，在三十九章 18 至 19 節裏講述的鴕鳥）。

神到底在跟約伯說甚麼呢？祂要叫約伯做甚麼呢？答案就在約伯對神的回應中暗示了：

我知道，你萬事都能做；

你的旨意不能攔阻。

誰用無知的言語使你的旨意隱藏呢？

我所說的是我不明白的；這些事太奇妙，是我不知道的……

因此我厭惡自己，

在塵土和爐灰中懊悔。（伯四十二 2～6）

約伯這樣回應神的質問，是他自己降服於那惟一的智慧。他汲取了教訓，而這教訓是神想給我們每一個的——就是，智慧不在於知識，甚至理解。智慧是一種**關係**。根據魯益師所言：「神，我現在知道為甚麼祢不回答了。因為祢本身就是答案。在祢面前，問題都消失了。」

試想想箴言一開首的那句格言：「敬畏耶和華是知識的開端」(箴一7)。我們常常誤會了箴言是一卷有關學習或者認識某些事情的書。可是，它其實是一卷關於關係的書。這卷書的編排叫我們緊記，要了解從十章到三十一章裏言簡意賅的原則，就不能斷章取義，要先閱讀首九章，明白當中的內容和重點信息；而這重點信息就是，一切真正智慧都是植根於與神的關係。

再者，如果我們從新約的觀點角度閱讀箴言，便會知道智慧是在基督身上找到的。使徒保羅明白這一點。論到耶穌，他說：「所積蓄的一切智慧知識，都在他裏面藏著。」(西二3)

人類知識的底線很簡單：我們不可能知道所有事情。的確，關於神龐大而豐盛的創造，我們只能知道很少。我們對於自身限制的覺悟，會產生謙卑和信靠。真正的智慧只會在約伯找到的地方找到：降服於神。

靈巧像蛇

一切以上所說的，都不是指智能、智力、知識和人類智慧是壞事。絕對不是。我們的頭腦實實在在是神賜給我們的禮物，是要完完全全用來事奉神和事奉別人。問題是，在這個墮落的世界裏，人經常利用這些天賦來達到他們自己高傲、自私的目標。很多人，甚至連諾厄有時候也會，願意傷害別人，同時也願意幫助別人。

我們應該如何回應這個現實呢？耶穌差遣祂的門徒到世界裏去的時候，對他們說了這番滿有智慧的話：「我差你們去，如同羊進入狼羣；所以你們要靈巧像蛇，馴良像鴿子。」（太十 16）

我們首先不應該成為自傲、自我中心、有知識收藏癖的人。我們走到狼羣中間，要繼續做一隻羊。我們要繼續省察對自身智慧的限制，又要保持我們的馴良、我們的謙卑、我們對神和他人的信靠。

不過在某些情況，我們要靈巧像蛇。像蛇是指要密切注意別人的行為。像蛇是指要看出可能嘗試傷害我們的人，要好好準備保衞自己。（蛇的比喻也提出，我們應該嘗試在與人互動時不會被人看透，反而會讓人在出其不意的方式下明白真相。）

基督徒需要聽這信息，因為這關乎我們的智慧和知識。為人謙卑信靠不是指要為我們的信心而犧牲我們的智力。若是如此，我們便是出賣了我們的信心，而這份信心不僅關乎我們的心，也關乎我們的思想。

福音派基督教被廣泛認為是反知識分子的，而有時候這個控訴也很真確。但聖經提出，事實應該是相反的。

在這點上，有兩段經文一直激勵我。使徒保羅鼓勵我們「有人問你們心中盼望的緣由，就要常作準備，以溫柔、敬畏的心回答各人」(彼前三 15)。還有，保羅形容思想的生命猶如戰爭，叫我們「將人所有的心意奪回，使他都順服基督」(林後十 5)。

基督徒得到基督思想的祝福，也得到神賦予我們自己的思想。我們都有責任運用我們擁有的每一種資源——包括我們自己的思想——來向世界上的其他人展現出祂的智慧。

日光之上的智慧

有關日光之下的智慧和日光之上兩者的分別，我們無法找到比保羅在哥林多前書一章 18 節至二章 16 節更有力、更意味深長的表述。保羅說，十字架的智慧，就世界的智慧看來是「愚拙」的。同樣，神叫世界上哲道者、文士和辯士的智慧變成愚拙，也「叫這世上的智慧變成愚拙」。

畏懼神，那令人目瞪口呆的敬畏把祂放在我們生命中的首位，迫使我們明白到一切真正的智慧都是來自神。我們不是依靠與生俱來的智力，或者我們學識的程度，甚或乎我們人類的智慧去走人生的路。那是依靠我們願意抓住神的智慧，即使這樣可能會令我們在別人看來很愚拙。

神已經選擇不提供一個思考的系統來證實祂的存在。在聖經裏，祂不是透過邏輯來顯現自己，而是透過故事、弔詭的雋語、洞見和隱喻。在世界裏，祂藉創造的見證、祂兒子為了救贖我們的犧牲、聖靈一直傳道的事工，向我們顯現。

這一切是指我們不是依靠我們的智商來認識祂。事實上，一個天才可能不認識神，但一個年幼的孩童可以與神有很深的交情。一個傑出的物理學家可能發現了物質結構上的一些事情，而其他普通人是無法理解的，但一個智力受損的人仍能認識到那創造萬物的神。

在日光之上，我們從聖言中找到智慧——而聖言最初是一個人，耶穌基督。換言之，日光之上的智慧就是一種關係。而那個人，即是那惟一的大智慧，曾經跟我們説滿有智慧的話。我們對神的敬畏驅使去我們聽這些説話，這些我們在聖經中找到的説話。然後，我們在人生路上行走，整本聖經就成了由神啟發的指南。它不單給予我們指引和原則，還激發我們的思維或世界觀，引導我們超越自己有限的觀點，讓我們從神祂自己的角度看見我們自己、他人和我們的世界。

由此看來，我們對神的敬畏激勵我們嘗試透過祂的聖言認識祂的世界，以擴闊我們的知識和理解來回應祂的智慧。因此，神的子民應該是世上最熱心的學員，去探索祂創造的奧妙，去細心思考錯綜複雜的人生，去驚歎我們創造者的偉大。

再細心看看

請重讀傳道書一章 18 節。

試提出你人生中曾因增添智慧而引來更多愁煩的例子。

請重讀傳道書二章 12 至 16 節。

相比愚昧，智慧有甚麼實質好處？為甚麼傳道者認定智慧最終也是虛空的？你個人認為他說得對嗎？

我們如何追求智慧？

1. 你認識的人當中，誰最有智慧呢？是甚麼令他或她如此有智慧呢？
2. 你如何獲得智慧呢？
3. 從教育、學習新技能之中，可以得到甚麼益處？
4. 為了應付每天的現實生活，你最看重甚麼技術和才能？

5. 神以甚麼方法給予祂的孩子智慧來使他們活出成功的人生呢？
6. 何謂活出成功的人生？
7. 甚麼經文能幫助你扎根於神的智慧上？

6. 追求靈性
我的屬靈生命會救助我

鬧鐘「鈴鈴鈴鈴」地響著，諾厄一如以往，伸手猛力地拍打它來弄停響聲。他躺在牀上，再一次跟想永遠窩在牀裏的強烈慾望作戰。然後，他記起自己應該要起牀去，和傑克吃早餐——而且他驚覺自己原來一直在期待這次早餐會面的。

他早了二十分鐘到達小餐館。他向來都喜歡做第一個到達的人，給自己佔一個位置，在其他人來到之前著手準備好一切。他坐在紅色沙發上往後一靠，微微一笑。他喜歡這個地方——刻意復古的佈置，讓人回到五十年代，回到那些悠閒地享用早餐、不受膽固醇所限自由點菜、女士束起的蜷曲髮髻可以夾一支標準硬黑鉛筆，甚至一把小槌子的日子。

傑克推開玻璃門進來時，他已經開始喝第二杯咖啡了。「傑克，見到你真好。謝謝你這麼早來赴約。」

傑克點點頭。「看來你沒等我就已經開始了。」

「只是餐前暖暖身而已。你要杯咖啡嗎？」

「別開玩笑了。咖啡這癖好，我看不出有甚麼原因要戒掉。我甚或要擔心，要在這個世界上開始新的一天，不能沒有咖啡。」

他們繼續互相開玩笑，直到女侍應「啪」的一聲拋下菜單膠牌，等他們點菜。她草草記下之後，迅速離開往廚房去。諾厄深呼吸了一下。

「嗯，傑克，我還不知道應該怎樣解釋我在紐約發生了的事，甚至不知道應該如何解釋我回來之後發生了的事。我只知道我想與神之間有多一點東西，在我的婚姻裏，還有——我想——在我的人生裏。嗯，呃……」

傑克身子向前一傾，默默地鼓勵他。諾厄皺皺眉頭，再嘗試說下去。

「嗯。那麼，我想你知道我一直是基督徒，相信一切真理，但事實上卻沒有認真看待過。不算是虛偽，但我肯定不能事事以自己的靈命為先。我想你會說——」

「讓我打斷一下，」傑克說：「你現在想談關於在紐約發生的事嗎？抑或想談你在哪裏與神相遇呢？我想，我有點搞不清楚你現在想做甚麼。」

「我也搞不清楚呢。」諾厄輕聲說。「看，我知道我正身處一個重大改變的開端。我要與瓊、與神往另一個方向走。我知道這件事，但就是不知道它是甚麼意思，或者是怎麼樣的。假如你叫我分析股票，我可以告訴你它的利潤率、它的競爭對手在做甚麼、它在這個季度會碰上甚麼問題。但要我抽離出來重新評估自己的人生，便會……迷失了。我應該從何開始呢？」

傑克把手放在桌上，直挺挺的襯衣皺了起來。「諾厄，假如你六個月前問我這個問題，我便會給你編定一個讀經計劃，告訴你幾個星期後在城裏有一個大型祈禱分享會舉行，還會幫你安排時間、地方和程序去建立靈性生活的規律。而且，在六個月之前，我離開這頓早餐時，會覺得似乎好事將會陸續而來，因為你終於上軌道了。那是說，我一直相信靈命成長是有一條很清晰、相當簡單的道路去走的，而我仍然覺得有一些重要的事你須要知道和有規律地做。這就是我自己一直過著的基督徒生活，而且我會跟你說，這不但是一個正確的方法，還是一個合乎——諾厄，有甚麼問題嗎？」

諾厄猛然坐直身子，發覺剛才自己的思緒雲遊太虛了。他向來都覺得傑克說話太多。「沒有，嗯，不好意思。請繼續。」

傑克移開了視線。他似乎暫時被分了心。他沒有繼續說下去，沉默重重地懸在他們二人之間。平日諾厄會趕忙轉話題來填滿這片空白，但這次他按捺著自己。

傑克的視線回到諾厄身上，終於説話了：「諾厄，我只是不肯定我將要跟你説的話對你是否合適。你剛剛重新思考自己的人生方向，我這樣説話可能會在你面前添了路障。那就是，我最近也在應付一個重大的掙扎。那些六個月前我應該會抱著極大的信心跟你説的真理——同樣是現在我想跟你説的那些真理——似乎，呃，蠻空洞的。」

他稍稍一停，另一陣沉默像氣泡般冒了起來。「對了，諾厄，恕我冒昧問你一件事。你想我談談這六個月以來我經歷了的事嗎？我想回答你的問題，告訴你如何尋求神的旨意，但我就是沒法一如幾個月之前那樣回答你。」

諾厄呷了一口擱涼了的咖啡，掩飾自己的不安。「嗯，我不認為這麼重大的事在我們離開去上班之前可以解決得了。所以，對呀，沒問題的。告訴我你遇上了甚麼事吧。」

傑克往後一靠。「糞便。」

「甚麼？」

「就是它——我遇上了糞便。很多很多，堆滿在我悉心打理的花園。我知道植物需要肥料，但當它堆積到四尺高、六尺闊，風又吹錯方向，冷氣機又……好吧，你明白我的意思。要描述發生了的事其實很簡單，但要解釋事件對我的影響卻很困難。我不想拿你的意外來跟它比較，但我確實看到兩者有點相似之處。」

「六個月前，一個曾經是我的靈命導師，在我剛開始執業當律師時熱心照顧過我的牧師，離開了他太太。他跟一個曾經在他教會當同工的女人搭上了。他最近打電話給我，問我會否知道有誰可以給他一份工作。我聽到他的話，卻無法相信自己的耳朵。我的意思是，這個男人在全國其中一間最保守的神學院畢業，取了一個神學博士的頭銜，二十五年來，他當牧師，在基督教學校任教，並在一個重要的福音機構任董事。我還能說甚麼呢？我自從二十五歲左右便以這個男人為我人生的模範。老實說，我可以殺——喔，食物來了。」

女侍應捧著他們點了的食物來。傑克看看餐碟，拿起叉子，然後又放下來。「我已經給警告了不知多少次『不要將你的信心依靠在任何人，它只可依靠在基督所成就了的工。』但若然我們的信仰不是某程度上互相影響著，那我真的不明白，我們的相遇相知為甚麼會那麼重要。」

諾厄打斷傑克的話。「不過，他只是沒有貫徹自己所教和所做的而已，對吧？如果他有，便不會離了神。」

傑克歎了一口氣。「嗯，可能吧。可是，我認為事情沒那麼簡單。做了合宜的事，好事便會發生。做了錯誤的事，惡事便會臨到你面前。我不知道自己是否還相信這一點。看，我沒有摒棄屬靈的真理或規律。只不過，似乎我們人類自欺的能力遠遠比我一直察覺到的更大。無論如何，我想我和你都是一樣，傾向遵循規條和制度，多於憑著信心而活。」

諾厄的注意力集中起來。「你的説話是甚麼意思呢？」

「我是説，我們都是容忍不了失控情況發生的人。老實説，任何親密關係都需要更謙卑的心、更開放的心、更多痛楚和信任，比我們任何一個能付出的更多。不是嗎？」

諾厄眯起眼睛，提起眼眉。「嘿，説你自己的事呀。」他又放鬆下來，苦笑了一下。「不過，我對你所説的話這麼氣惱，大概也顯示了你説得沒錯。」

傑克輕輕一笑。「諾厄，你可知道你每隔多久便會生我的氣呢？如果我每次看到那個表情便收十塊錢，就可以退休和送你的孩子上大學了。」

諾厄漲紅了臉，轉移話題。「那麼你覺得你的朋友發生了甚麼事呢？」

傑克隨即呼了一口氣。「不知道。但做了基督徒三十年之後，我留意到基督徒跟我們所謂世俗的人沒有甚麼不同。嗯，我們相信我們會去天國。但我們只是跟很多人一樣，甚至可能比一般律師行的人更加自我中心、驕傲、自以為無所不知，而且臉皮薄、性急魯莽。加上我們大部分人一點都不知道應該怎樣看待我們十多歲的女兒，或者我們的金錢，或者我們寂寞的妻子。」

傑克正正地直視著諾厄。「而我——我有一個屬靈的外表，是虛偽的，好像廉價的汽車旅館一樣。我想你可以直接說，這樣是自以為義。」

諾厄的身體退縮了一下。女侍應雙手各有一個咖啡壺，提得高高的。即使她沒有無意地聽到他們的對話，她至少也感覺到這裏緊張凝重的氣氛。她似乎變得不尋常地的安靜，甚至恭敬。

「你們要添點咖啡嗎？」

「不用了，」傑克輕聲回答說：「我想結帳。」

「好的，在這兒。」她伸手去取她的點菜便條簿時，若有所思的咬著口香糖，然後發現她須要去記錄系統查看一些東西。「很快回來。」

「傑克，我不是個笨蛋，」當女侍應穿著膠底鞋吱吱聲地走開時，諾厄說：「平日我都可以挺快掌握到一段對話的重點，但現在我還是不知道你在嘗試跟我說甚麼。」

傑克抓了一下他直挺挺的衣袖。「改天我穿牛仔襯衣上班，看看有沒有人會心臟病發。」他稍稍一停，把煎蛋捲了起來的邊緣部分撥到剩下來的薯餅那裏。他似乎分心了，而諾厄不知道應該保持沉默還是再多問他一次。傑克抬起頭來。「諾厄，我們都知道瓊一直很寂寞，又害怕問得太多，或者害怕告訴你她有不開心，對吧？」

諾厄對這個問題不感到意外，但他想不透傑克想藉此說些甚麼。「嗯，沒錯。我不知道瓊現在或者一直以來有多害怕，但我可以告訴你，我覺得她那麼久以來所面對的困難，比我最近這一個星期所面對的更大。那麼，你想說甚麼？」

「很簡單。我和你往往全權掌控著對未來的安排。我們都是習慣我行我素的男人。我跟我太太的關係，不比你和瓊的關係好。要是你問馬西婭嫁了給我的感覺如何，我想，她誠實的話，大概會告訴你，『他愛我⋯⋯某程度上。』而達到那個程度時，我便劃下界線，迴避問題，或者不知怎的讓她覺得那是她自己問題。」

「我想知道那會否就是我導師所做的事。我想，他靠著一些謹慎周密的謊話，亦只會比他本來能忍受的時間多撐一會。也許他有一些性方面的問題，但誰沒有呢？我認為事情其實是，他利用他的信仰規範來將自己與自己內心的真實情感隔離。」

「令我氣憤的是，我從來沒有問過他難答的問題。我跟他一起時，就好像我跟馬西婭一起時，偶爾會有的那種懦弱。我想我的意思是，我不想你或我變成這樣子。」

諾厄看著傑克，為這個曾經是他前輩的男人，這個他從來沒有認認真真地請求幫助的陌生嚮導，他感到很溫暖。他微微一笑。他本來以為面談之後會帶著追求人生的指引離開。不過他想，現在自己倒是建立了一段友誼。

他想知道，自己與神的關係是否也會這樣。

駕車上班的旅途上，早餐時跟傑克的對話一直在諾厄腦海裏迴旋著。他甚至沒有留意到自己沒有開收音機，直到駛進車位後才發覺。幾星期前把車子停泊在他車位上的那個年輕行政人員在他來到之前，已把車子停泊在他的車位旁邊，而車子越過了框線，令別的車子不能進出那個車位。

諾厄氣沖沖地雙手緊握著方向盤，之後惱火漸漸減退了。他有其他更重要的事煩惱。

他在公司的新職位，令他在芝加哥辦公室裏的處境變得很奇怪。身為整間公司的分析部門主管，他為整間公司制定買甚麼、賣甚麼的大原則，而且每天都可以跟安氏兩兄弟說上幾句。雖然他不是負責芝加哥辦公室的日常運作，但只要他打電話給其中一個兄弟談兩分鐘，有人便會大禍臨頭。他有權對那些一個月前曾在他們分析部門的每週例會上暗中嘲笑他的人，做任何自己想做的事，影響他們的事業前途。

那些好像喬納森的人。

諾厄多年來忍受著這個男人毫不掩飾的蔑視、擺出一副屈尊俯就的態度所說的話。諾厄不得不承認自己喜歡看見喬納森不安的樣子。很明顯，喬納森已經預料到自己隨時會被開除，所以他走得老遠的，免得讓諾厄看到。他們共處一室時，他似乎逐漸消失在自己的文件裏，盯著他那疊整整齊齊的報告，就像在找尋聖餐杯似的。

沒錯，諾厄還一度幻想要狠狠地將喬納森碎屍萬段。他會遷進喬納森那間處於全單位最佳位置的高級辦公室，再派他做一些比他年資少二十年的初級職員也會感到羞恥的工作。他不禁期待看到喬納森那時候受苦的樣子。

不過，諾厄跟瓊過去幾個星期的交談已經改變了他的心態。那時，他第一次與她分享有關他辦公室裏充滿敵意的環境。瓊從前一直都不明白，為甚麼有好幾次諾厄回來時，襯衣總是帶著滿身汗味，像從野外回來一樣。其實，那是因為在那些日子，他受了喬納森和他同事用詞婉轉的侮辱，自己默不作聲，心底裏生著氣。他是那種憤怒時想尖叫和冒汗的男人。

「你想要他們付出代價嗎？」有一晚，瓊正好問了他這個問題。他凝望著她的眼睛，想到多年來他帶給她的傷害，而且發覺她為他傷心，多於為她自己而傷心。這樣，他復仇幻想帶來的快樂消失了。現在他真正關心的是，如何令公司走上平穩、高效益的軌道。

諾厄知道辦公室裏充斥著流言蜚語，謠傳著他做了甚麼事而升職，還有他將會做甚麼來鞏固自己的權力。老實說，他已經對這些閒言閒語、咒罵和權力爭奪感到很厭倦了。那些有限的附加津貼、包括誰的車子停泊在那個車位上、誰坐在最尊貴的辦公室，對他的同事來說，似乎都比公司如何進一步發展更重要。諾厄每天走進大樓，跟接待員和其他公司職員打招呼時，都可以看見他們一臉恐懼，一副不確定自己下星期還會否有工作的樣子。

他看見其他同事也是這樣的神情，包括李——他以前的上司。但他們漸漸適應了他們新的工作關係。只有一個人仍然迴避他的目光，他就是喬納森。諾厄已經決定，如今是他們二人應該和解的時候了。

命運——或者是神——的安排之下，喬納森拐了彎時，諾厄正好也走出房間。二人來到同一台升降機前面。這個時候轉身離去似乎太突兀了，所以他們一起走進升降機。

他們不安地站了好一段時間，眼看前方。「呃，早安呢，諾厄。」升降機門關上時，喬納森鼓起勇氣説。

諾厄點頭回應。「早晨呢，喬納森。真高興能碰見你。我被叫了去紐約跟那裏的職員和兩兄弟會談，所以離開之前，我需要一些關於萬信（MacKenzie）的交易的意見。你今早可以來跟我談談嗎？」

喬納森知道自己不能再對諾厄説不，也不能回去繼續拍馬屁。他愉快中帶惱怒的回應：「沒問題，諾厄。時間由你決定。」

頃刻之間，諾厄想到以喬納森以前暗地裏挖苦的方式回應他。接著，他深呼吸了一下。「看，喬納森，你是公司寶貴的人才，是個深受器重的同事。我知道我們多年來一直意見不合，但你的分析舉足輕重，而且很多時候都很準確。我只想知道你今早有沒有空，給我一些可以讓我帶到紐約的最新消息。」

喬納森臉紅起來。他以往採取恭維的策略，令自己當一個要人領情的僕人，但諾厄誠懇的讚賞勝過了他卑劣的手段。喬納森咳了一下，轉移視線。「當然啦，諾厄，我明白的。我只想説，我很樂意在方便你的時候見面而已。」

諾厄微微一笑。「我今早都在讀讀寫寫；若你有時間，可以順道來一趟。不然，你一有空便跟我説吧。」

升降機門打開了，距離升降機門最近的諾厄趕快走出去，大步走往他的個人辦公室。他眼角瞄到喬納森正猶豫不決地望著他，然後升降機門要關了，喬納森才笨拙地一晃一晃往前走。

諾厄踏進自己的辦公室，搖搖頭。他不知道應該笑還是哭。很明顯，喬納森既討厭又害怕他。他想告訴喬納森，他原諒了他過往所做的一切，也想跟他解釋在過去幾個星期，神在自己生命裏做的事，但是，諾厄覺得正面接觸的方式會逼瘋他這個同事。總有一個辦法，能讓喬納森同樣得到他自己從紐約那次經歷中所得到的禮物……不過，是每天一點一點累積下來的吧。還有，當然要刪掉搶劫這一環。

諾厄為了這個想法微微一笑，並發覺自己為希望喬納森理解神而付出的能量，跟他理解一隻股票時，所付出的細密心思的能量一樣多。這將會是十分美好的一天。

偶像：「我的屬靈生命會救助我」

現在很多人都將注意力轉向屬靈層面的事情上。假如書本的標題有「**天使**」或者「**神**」之類的字眼，便會成為暢銷書。似乎從來沒有這麼多人願意承認，人生並不止於我們所能看見、能觸摸的事物。很多教會的會眾出席率都破了紀錄。

人們為了找尋自己人生的意義而求助予宗教，並非罕見之事，尤其是遭逢不幸或者年齡漸長的時候。人們踏入中年之時，已經活了很長時間，時間長得足以叫他們對人生失去希望。人際關係已經令他們灰心。工作可能很累人或者很不稱心，生活可能令他們很困惑，不知所措。宗教似乎順理成章成為了一個逃離日常生活的避難所，一個為人生的境遇注入意義的途徑。

宗教的確可以是人生意義的重要來源。不過，宗教同樣可以成為偶像，使人遠離神，而不是接近神。

諾厄在紐約的經歷在他身上引發了一件新事，就是覺醒。他跟在後面走了好幾個街口的那對夫婦提醒了他，自己原來是個孤單的男人，對如何親密相處一竅不通。他遇上生命威脅的事讓他看清楚現實，發覺原來自己終有一死，並且令他很想知道自己的人生有甚麼意義。他取得莫大的成功，他一直努力工作背後所追求的夢想實現了，同時也為他增添了一份新的渴望。能喚醒我們追求「多一點」的原因，不只是年齡和悲劇，很多時候是因為夢想達成了。目標一直規劃著我們的人生，為我們日常的勞苦帶來能量，但當這個期待已久的目標達到了，我們很有可能會發現，自己跟自己一直竭力掩蓋著的空虛感面對面地碰個正著了。

某程度上，諾厄是走進了神設下的局。他為了自己辛苦得來的成就而洋洋得意，為了自己跟雅各和羅斯的偶遇感動，為了自己被搶劫的遭遇而恐懼。

很少人會經歷到如此深刻的交流。可是，由悲劇和成功觸發起對人生終極意義的思考，這個呼召沒有人能逃避。神每天都邀請我們來尋求祂，認識祂，信靠祂。

問題是，對很多人來説，宗教只是一個幫助人應付人生種種的方法，而不須要切切實實地認識神。

自以為是的陷阱

我自己的故事是這樣的：還記得很久很久以前，生活一直令我感到困擾。我不知道為甚麼會有這種感受。我有疼愛我的父母，又在一個很安全的社區裏居住，但當我漸漸成長，便覺得其他人——當然也包括神——認為我有很多不足之處。從小學一年級的時候開始，我一直在強烈的罪疚感和對死亡的恐懼之中掙扎。

我到教會尋求慰藉。還有甚麼比這樣做更合情合理呢？

我知道「好」人會上教會，並遵守教會的規矩，所以那裏就是我找尋意義的地方了。我遇到其他好的小朋友，也發現自己對自己的人生方向蠻滿意，至少表面上是這樣。不過，在我心底的空虛感仍然揮之不去。

現在回想起來，我才明白那個時候的自己其實並不是基督徒；儘管我是個模範教友，甚至是個年青的模範教友。所有事情我都做得妥妥當當。我沒有偷偷跟朋友跑去喝啤酒，在家裏也沒有為父母帶來麻煩。我品行良好、很虔誠——還很自以為是。

自以為是是外在信仰的結果。它是一種自滿的表現，只會在我們把自己與神的連繫，當作完成一連串待辦事項所得的成果時，建立出來的。

事實上，我的待辦事項列表跟其他很多人的一樣，提醒自己不要做的事比提醒自己要做的事情多。

當然，我要做我的家務、上教會、待人友善，偶爾禱告一下，或者讀讀聖經。但有很多其他事情我得注意**不**要做。我知道我不應該咒罵別人、酗酒、撒謊、自慰，或者進行任何性行為。污穢的思想是較難控制的，不過我找了藉口，說污穢的思想並沒有污穢的行為那麼壞。

現在，我不是那麼自以為是，因為我深知自己沒有完全順服。不過我可以盡力而為。再者，我們大部分持這種信仰概念生活的人，不是都持一種對自身價值的「良善比例」(goodness scale)觀念嗎？並不是我們常常都良善和正直，而是我們做好事比做壞事多。我們的好行為遠遠多於我們的壞行為，而且我們認為一位通情達理的神總會考慮這一點的。至少我就是那樣想。

不依我的就滾蛋

然後漸漸地，過了一段時間，我墮入另一種自以為是。我開始相信自己有一套尋求神的方法。

我所信的是正確和合乎聖經教導的；這一點並沒有錯。錯誤的是，我以為信仰成長只有一個正確的方法。那個假設自自然然會帶來一個結論，就是如果我的方法是正確和真實的，那麼一切其他成長的方法都是錯誤的。我還必須全力抵制它們……並且強迫每個人都融入我的模式裏。

讓我看清這個現實的第一課，出現在大學團契的場景裏。我和艾德倫在七十年代初期，即是「耶穌運動」(Jesus Movement)開始的時候，一起進了大學。那是一段令人興奮的時光。我們不時見到我們的朋友前來信仰基督。在俄亥俄衛斯理大學(Ohio Wesleyan University)唸一年級那年的首幾個星期，我們五個人開始了每週一次的團契聚會，而到了那個學年終結時，團契已經增長至大約一百個學生。大部分新加入的都是初信者，包括我的老朋友兼室友艾德倫。

我們滿腔熱誠地開始了第二年的團契。我們沒有成人領導，但那時候，很多人已經成了基督徒有好一段日子。我們剛剛開始成熟起來，全然期待著神行大事。

可是，我們很快便發現，原來我們的成熟帶著我們往不同方向走。我們有些人受到改革宗神學（Reformed theology）的思想影響，對他們而言，敬拜必須要有秩序和具備理智。有些人發現了聖靈和靈恩，他們覺得敬拜應該要令人興奮和充滿情感的。有些人受到一個聖經教師的影響，這個教師把神施行拯救的歷史分割為互不相干的安排；對他們而言，說方言是出於魔鬼所為。

口角開始出現了。敬拜應該如何進行呢？我們應該如何鼓勵其他人尋求與神的關係呢？口角演變成打鬥，而很快一個個獨立的小組形成了。奇妙的是，神往往在我們不堪入目的神學思想內訌時作工，而仍然有很多人前來認識神。不過，只是我們不能以基督徒的愛與諒解走在一起，這事實已成了極壞的例子。

我不是指任何接觸神的方法都同樣可行，也不是說這三種對聖經和信仰的觀點都清楚明確地、甚或是同樣地恰當。當下問題的焦點是，我們完完全全地鄙視對方，各人都認為自己尋求神的方法才是正確，而且充滿無比的信心。

我們每個人都透過自己的信仰構想來追求神，而有時候經歷信仰變得跟支持一支運動隊伍沒甚麼差別。我們想我們的隊伍勝出，擊敗所有對手。我們是對的，其他所有人都是錯的，然後我們便在這個自以為是的信念中找到安全感和平安。簡而言之，我們將神藏在一個我們自製的盒子裏。

神花了好一段時間，來徹底改變我這種「不依我的就滾蛋」的心態。

律法主義的陷阱

我和朋友在大學時期所墮入了的，其實是一種律法主義的陷阱。律法主義包括，單單透過自身行為來尋求靈性上的滿足，基於恐懼心理，或者基於一種以為我們的生活會因為做神所喜悅的事而變得一切順利的信念，而進行各種宗教上的儀式。

在我們的故事裏，傑克才剛剛開始發覺，長久以來自己一直都是一個理智但忠實的律法主義者。他那套獨有的律法主義是出於一種信念：屬靈操練如每天靜修的時間、恆常的禱告和什一奉獻，對靈命成長和靈性更新而言不僅是需要的，而且是必不可少的。他過去常常提出，如果人誠心誠意地付諸實行，他們在靈性上的一切事情都會很美好。

信奉其他傳統的人可能會以為，只有在我們從魔鬼手中給解救出來之後，或者能說方言之後，或者不再拒絕接受真相之後，或者傳揚某基督徒領袖甲君的理論之後，我們才算是真正的成熟。不管當中的細節如何，背後的假設都是一樣的：(一)信仰上的成熟跟個別事件、知識水平或者行為有關；(二)人只要經歷了那件事、達到那個知識水平或者作出那個行為，他或她便會在靈性上成熟了；(三)人只要在靈性上成熟了，他或她便不會在靈與肉之間的內在衝突上掙扎。

因此，在我的基督徒生命裏，很多時候我都給囑咐說，我只要這樣做和那樣做，便會經歷到一份全新的與神的親密關係，成為一個成熟的基督徒。傑克一直都善於給予他人這樣的指引。他很熟悉方法，擅長制定祈禱、研經和崇拜的計劃。人們響應這些計劃；他們喜歡知道切切實實要做甚麼事。不過，傑克甚少問他們關於關係或生活的難答問題。他甚少將他們的過去、目前面對的掙扎和他們與神的關係連繫起來。傑克那套方法令人有一個控制現況的錯覺，而不是開拓他們對自己的過去和將來的視野。

無可否認，一套使我們能做正確的事和避免做錯事的方法裏，確實有某些很吸引人的元素。問題在於，當中所提倡的是否一個狹窄的屬靈觀點，尤其那套方法是否著眼於外在形式而非內心，繼而犧牲了其他合宜的屬靈表達方式。這樣的限制會使我們感到自以為是和自以為義，覺得神在我們控制之下。我們沒法達到我們以為自己須要做到的要求時，或者事實證明我們所依循的律法模式不足以應付我們生活上的難題時，這樣的限制也會帶來絕望。

這種事是會發生的，因為信仰上的律法主義基本上就是一個謊言。律法主義，實質上是一種偶像崇拜。

從熱中到偶像崇拜

真正的屬靈生命是一種關係，而不是一種模式或者一套規則。關係是將我們的心思放在關於對方的未知事情上，放在對方本身的存在上。論到認識神，這一點尤其真確。認識神不是做正確的事和避免做錯事這般簡單，而是一個互動的過程，當中，我們整個人跟神在聖經和世界上所顯現的整體形象建立關係。這即是說，去愛祂和敬拜祂，去跟祂搏鬥和順服祂。

神邀請我們與祂建立充滿熱情的關係，在這段關係裏，我們會經歷到自己最深層的困惑和休息、失望和喜樂。可是，一如在舊約聖經中以色列人的故事所見，我們老是按自己的方法做事。

神揀選以色列人為祂特殊的子民。他們沒有做過任何事，以致配得神的子民之名（申七 7～11）。神想得到他們的心，所以祂將自己的心顯給他們看。祂為他們立下了美好的應許，祂是永遠不會毀掉這些應許的。

神的確對祂的子民有所要求。祂要他們獻祭、要信守誓言、要祈禱、要行割禮。神向他們保證，透過在他們的主要城鎮耶路撒冷裏最重要的地方，興建祂的家，即是聖殿，祂的慈愛會一直在他們中間。以色列人可以望著那幢建築物，滿懷信心地說：「神在這裏；我們沒有甚麼事值得懼怕。因為這個聖殿，祂永遠不會讓我們遭逢任何不測。」

有些以色列人離棄了他們的神（耶和華），轉而敬拜偶像，但大部分人都繼續敬拜耶和華——或者至少裝裝樣子。他們受了割禮，他們的孩子也受了割禮。他們到聖殿參與節期活動。他們甚至奉獻昂貴的祭物。他們做了一切好的耶和華崇拜者應該做的事。

不過漸漸地，或許先是隱隱約約地，他們對耶和華的熱中被歪曲為對信仰外表的熱中。他們所獻的祭不是為了表達悔罪和對耶和華的愛，而是為了假裝虔誠，還可能是為了在鄰里面前顯示財富（「我獻一頭公牛；你卻只能獻一隻鳥」）。聖殿本身，就是所羅門說過那裏不足讓神居住的，在人們的心裏卻成為了神的牢獄。他們認為，只要他們與聖殿連結在一起，他們便無可匹敵了，因為神不會讓祂自己的榮耀受貶損。

舊約聖經裏以色列人的歷史，揭示了潛藏在絕大部分敬虔的人心裏的同一種扭曲慾望。這種慾望是想控制神，以致我們能操控祂來服事自己。同樣，那就是偶像崇拜的核心。邪惡、自私的人不會喜歡有一個比他們更有權力的神。透過偶像崇拜，我們嘗試將神的能力削弱到跟我們的能力差不多。

信仰的荒謬事

正如我們所見，傳道者抱著強烈的慾望尋找在世人生的意義。可是，他的強烈慾望沒有容許他接受淺顯的答案，結果，他在膚淺的世界裏得不到滿足。

傳道者轉投於信仰，期望能在那裏找到人生意義，但同樣地，他又大失所望。他隨即察覺到「虔誠」信徒的偶像崇拜心態。讓我們來聽聽他觀察所得的和勸言，因為這些觀察和勸言都揭露了很多信仰的荒謬事。

> 你到神的殿要謹慎腳步；因為近前聽，勝過愚昧人獻祭，他們本不知道所做的是惡。你在神面前不可冒失開口，也不可心急發言；因為神在天上，你在地下，所以你的言語要寡少。事務多，就令人做夢；言語多，就顯出愚昧。你向神許願，償還不可遲延，因他不喜悅愚昧人，所以你許的願應當償還。你許願不還，不如不許。不可任你的口使肉體犯罪，也不可在祭司面前說是錯許了。為何使神因你的聲音發怒，敗壞你手所做的呢？（傳五1～6）

傳道者嚴厲批評那些自以為是的以色列人將信仰看作一連串應做和不應做的事。他譴責那些公開展示、卻其實只是在裝模作樣的宗教行為。

他所見的虔誠信徒都獻上指定的祭物。他們買下牲畜，帶牠們到聖殿，然後極之炫耀地把牠們奉獻給神。他們起誓，承諾要獻上教人印象深刻的禮物，長篇大論的禱告裏盡是花言巧語。因為他們是崇拜耶和華的好子民，所以得到對這個羣體的祝福。畢竟，神不就是要求我們獻祭、起誓和祈禱嗎？

不過，傳道者看穿了這些人的意圖和動機。他們的獻祭不是發自內心；他們是「沒有思想」的。他們的禱文詞藻華麗，但他們不見得對神有多少真真正正的愛。

傳道者提醒這樣表面虔誠的人，「神在天上，你在地下」（傳五 2）。換言之，你無法把神控制在你膚淺的靈性之下。你不能以你的信仰行為來操控神，所以，你奉行律法主義的信仰不會為你帶來滿足和平安。

數百年後，耶穌在地上時，遇見了抱著同樣思維模式的人。祂有一些令人難以接受的事情要跟這些人說：

> 你們這假冒為善的文士和法利賽人有禍了！因為你們洗淨杯盤的外面，裏面卻盛滿了勒索和放蕩……你們這假冒為善的文士和法利賽人有禍了！因為你們好像粉飾的墳墓，外面好看，裏面卻裝滿了死人的骨頭和一切的污穢。（太二十三 25～27）

按照新約聖經所記，法利賽人是非常虔誠的一羣，一絲不苟地關注他們信仰上的一切細枝末節。他們依循律例和傳統的規定，做一切要做的事情。耶穌譴責他們，不是因為他們做得不夠完美，而是因為他們自以為是、自以為義……還有因為他們忽略了整個真正信仰的關鍵。

一顆熱切的心

當然，傳道者和耶穌兩者所談論的，都是以形式為主的信仰；即是，只要求行為而缺乏一顆熱切的心的信仰。這就是奉行律法主義的信仰。在這種信仰之下，人企圖控制神，以為神完完全全可以被一眼看穿，而且行事作風一切在意料之內。他們會說：「若我是個好人，神便會祝福我。若我是個不好的人，惡事便會臨在我身上。」

我們往往努力想令基督徒的生命成為一道方程式：順服等於祝福，不順服等於咒詛。可是，生命真的是這樣運作的嗎？傳道者指出我們每天從經歷中汲取的教訓：好人總是受苦，惡人總是得勢——「有義人行義，反致滅亡；有惡人行惡，倒享長壽。」（傳七 15）

流於表面、奉行律法主義的信仰，在現今世代跟在傳道者的時代一樣危險。我們可以找到無數尋求神和屬靈生命的方法，而每一套方法都承諾，只要採取了一連串的步驟，或者明白了一系列的原則，便會得到成功和快樂。教人自助的產品提供了一些訣竅，讓人追求快樂、滿足、沒甚麼煩惱的信仰，侵犯了真正的靈性。不論哪裏都是默默許下著同一個承諾，暗示我們僅僅須要做正確的事，神便會負起保守我們在世幸福康寧的責任。

就以傑克為例：他進入法律學院的時候成為了基督徒，整個人生態度都改變了。他重拾活力，並且開始透過祈禱、研經和恆常的教會工作，循序漸進地學習跟隨基督。傑克終於覺得人生在控制之下。沒有任何事情能令他意志消沉。他知道神，他知道神對他的期望。

但即使在傑克還不知道他的導師有外遇時，他已經感到人生嚴重缺乏刺激和喜樂。他自己並不知道，但多年來跟其他基督徒一起工作，他已經疲憊不堪。他以為自己須要更努力工作，重新應用一些曾經學過的技巧，來保持自己的屬靈生命有活力和生氣。重新關注「基本原則」的確奏效，提升了他的靈性活力。不過，他的導師有外遇一事令他深受打擊，大大削減了他的熱忱。

傑克開始查考傳道書的時候，隱約發覺他的生命——和他的信仰——停滯不前。但他察覺不到的是，神正在叫他脫離律法主義，進入真正屬靈的關係。

傳道者令他感到煩擾，但實際上，他從一個偏激的信息找到一份慰藉，一種奇怪的安慰感。這個信息告訴他，生命——包括他的屬靈生命，並不像他一直以為的那樣，一切在他意料之內。他後悔多年來抱著律法主義，以為自己某程度上能控制神，而向別人提供了這種假設下的建議和指引。

傑克跟諾厄的會談促使他明白到，原來在未知的路上行走、在神的奧祕中掙扎，可能會比單單提出他對於跟隨神的舊有規範指標，引領他們二人走得更遠。傑克是一個生命充滿起伏的範例，從初信時靈性激情火熱，到自以為是和奉行律法主義，到空虛，再回到一種更深層、更有生命力的信仰。

從自以為是到空虛

自以為是來自我們自以為已經了解清楚神。我們知道祂想要甚麼，我們做了，祂便會祝福我們。那步驟清單或許會因人而異，但大概都會包括上教會、祈禱、禁食、恆常悔罪、參與小組聚會、背誦信經等諸如此類。雖然部分要求很難做到，但設下這些條件的神，行事作風都在人意料之內，所以這些條件，人仍然是可以控制的。自以為是就是偽裝做事得來的獎賞。

自以為是的人無法深入思考自己內心的真實狀況。這樣是不會有好結果的。但在墮落的世界裏，很難一直保持著偽裝。我們總是免不了病患來襲，或是家庭糾紛，或是經濟困難。我們會違反規則，在罪疚感之中掙扎，或者只是鬱悶不安，覺得哪裏出了問題。人生會不時教訓我們，無論我們如何努力嘗試，都不可能控制人生；即使是由自己選擇屬靈生命的模式，我們都不能控制人生。再者，神往往設法干擾我們過分自我滿足的想法，帶我們走進真正的關係。

容我再回到我自己的故事。神一直祝福著我。我在團契裏有很好的朋友。讀大學三年班時，我在我們的州際冠軍足球隊中贏得正選一席。我有一個很有魅力的女朋友，黛安娜（Dianne），我們是在教會裏結識的。

可是，有一個春天，黛安娜告訴我，她不想跟一個想當傳教士的男人結婚，因為這樣不是她想要的生活模式。我們分手了，自以為是變成空虛。我記得當時自己對教會生活失去了興趣。人生似乎不再那麼有價值了。我當時並不知道，但神帶我離開我在律法主義之下的偶像崇拜心理，進入與祂真真正正的關係。

神不會容許祂自己被藏在盒子裏。祂不要流於表面的崇拜。祂不會容忍我們自滿的心態。祂會拿走我們的自以為是，把它轉換成空虛。祂這樣做是要告訴我們，祂不是要我們循規蹈矩。祂想要的是我們的內心。

先知和詩人在舊約聖經的敬拜裏說得很明白。例如，詩篇五十一篇，是昔日自以為是的大衞所作的禱文。大衞與神建立了初步的親密關係之後，便心生自滿，只在表面上事奉神。他與拔示巴所犯的罪也表明了這一點。不過，神揭示大衛隱藏了的反叛，而這詩篇是他重燃心裏熱情的證明。

你本不喜愛祭物，
　　若喜愛，我就獻上；
　　燔祭，你也不喜悅。
神所要的祭就是憂傷的靈；
　　神啊，憂傷痛悔的心，你必不輕看。（詩五十一16～17）

我從奉行律法主義的自以為是，到生命出了岔子而空虛，認識到這件事。我幾乎沒有察覺到神在我生命上設下佈局，為我來一次徹徹底底的改造。經過幾個月沒精打采的生活之後，我偶然發現了從另一個角度去看跟隨神的意義。一個朋友解釋，基督教不是一種制度或者一套生活模式，而是一種與一個人——耶穌基督——建立的關係。這並不在乎我們做些甚麼來取悅祂，而是在乎我們有否將自己交給祂——盡心、盡性、盡力、盡意愛祂（路十27）。

那就是我從自以為是、從自己奉行律法主義的偶像崇拜信仰，回轉過來的時候。那就是我將自己的生命交託給基督的時候。

焦點在於耶穌

我的改變並不是我尋求神的故事的結局，而是開始。幾年來，我與基督的關係漸漸成熟，但我也經歷過困擾和寂寞的時候，就是當我努力要尋找解決自己靈性上的困局的答案……還有，當我再次墮入律法主義的時候。我察覺到自己生命裏出了岔子，便會開始覺得，這是因為自己禱告不夠。我還未明白這一點時，便會回到該做與不該做的行為規範裏。某程度上，律法主義很累人，但它吸引人的是，那些是人能控制得到的事；是一些我能做到的事。

不過，神會不斷使我們感到不安。祂不會容許我們自我滿足。若然神真的這樣打破我們的自以為是，便是在提醒我們緊記，重要的不是**形式**，而是**接觸**。不是在乎我們禱告的多寡、我們有多認識聖經，而是在乎這些事情是否領我們進入與祂更親密的關係。

神自己以各種方式向我們顯現和隱藏。祂這樣做，讓我們覺得既奇妙又神祕。若失去了那份神祕感，奇妙便會變成懷疑。若失去了那份奇妙感，神祕便會成為困惑。

我們尋求神，必須持開放態度迎接驚喜。這並不是指我們完全沒有方向。神的確鑾清楚地吩咐我們應該做甚麼。不禱告、不讀聖經、不與其他信徒聚會的人生，是最不足取的生活方式。但若說要在一天的開始找一個寧靜時間來與神相交，或說要講方言來真正感受聖靈，都是從律法主義的準則而來的嚴苛要求，並不是神自己的意思。

此外，神的確也嚴禁我們在崇拜祂時做某些事情。其中一個明顯的例子就是，禁止製造和崇拜任何形象，即使是真神的形象也不可以（出二十 4～6）。我們應該很明白聖經，所以也能夠明白神渴望我們做甚麼，和不想我們做甚麼。但在這些基本尺度之下，神對於我們尋求祂的方法，給予極大的自由。因此，我們須要注意我們在自己身上，還有特別是在其他人身上，定下了甚麼要求。

最近，我收到一個電話，是來自一個叫特拉維斯（Travis）的男人的。特拉維斯建造了一個大型的退修中心。他對神有一顆火熱的心，但他找我，是因為他極之擔心自己可能要放棄一個多年來一直滋養著他靈命的習慣。特拉維斯每個星期都會有一次，在起牀之後走到退修中心裏的一個僻靜處。他會祈禱，讀聖經，然後在結束他與神相交的親密時刻之前，他會喝點酒、吃點麵包，記念基督為了他的罪而死，並且感謝祂。

他不認為這樣算是聖餐禮，即是他恆常在我們教會裏所領受的那種聖禮。他沒有跟很多人講及自己的私人敬拜時間。但其中一個教會領袖聽聞這件事，便著他必須停止。他說只有牧師才可以這樣做。

一個月以來，特拉維斯情緒崩潰，無法再接近神。不過最後，他明白到自己是順從了其他人的期望，而不是聖經的期望。他又滿懷喜樂地重拾自己靈修的習慣。

日光之上的屬靈生命

在日光之上，我們都會覺得神又神祕又捉摸不定。毫無疑問，我們了解神，但我們還沒有十分透徹地了解祂。祂捉摸不定的特性並不是指祂武斷專制，而是我們永遠不能把祂的美善和威嚴簡化成一道老生常談的方程式。

在日光之上的觀點是指，我們不能冒昧地藉我們的儀式規矩來操控神。我們不單會在預期中的地方跟祂接觸；祂也會在我們最意想不到的地方給我們驚喜。

在日光之下，我們以為神行事作風都在人意料之內的觀念，久而久之會帶來自以為是，繼而空虛。神更想要的是我們，多於膚淺的信仰。祂會摧毀我們為祂做的偶像，以更榮美的姿態向我們顯現祂自己。我們的敬拜便會因為我們懂得在生命中各方面尋求祂，而從自以為是轉為火熱。

我們目前的靈性體驗原本只是天國的序幕。我們對天國的認識真的很少，但有一件事我們是知道的，就是我們將會繼續敬拜。我們會面對面看見神，而驚喜、奇妙、神祕的事情永不休止：

> 以後再沒有咒詛；在城裏有神和羔羊的寶座；他的僕人都要事奉他，也要見他的面。他的名字必寫在他們的額上。不再有黑夜；他們也不用燈光、日光，因為主神要光照他們。他們要作王，直到永永遠遠。（啟二十二3～5）

再細心看看

請重新閱讀傳道書五章1至6節。

1. 傳道者在這裏給予我們甚麼忠告？這些是好的忠告嗎？
2. 如果傳道者來到你的教會或者查經小組中演講，他會怎樣表達他對信仰的關注？

我們如何追求靈性？

1. 信仰甚麼時候會傷害人呢？基督教能傷害人嗎？
2. 有一個哲學家指宗教是「人民的精神鴉片」（opiate of the people），又有另一個說宗教是「靈性的酒精」（spiritual alcohol）。這些說話是甚麼意思呢？他們這樣說有甚麼根據呢？

3. 流於表面的信仰和由心而發的信仰有甚麼分別？
4. 你怎樣區分真正的信仰和虛假的信仰？
5. 「將神藏在盒子裏」是甚麼意思？
6. 在信仰上的滿足和自以為是有甚麼分別？
7. 你的屬靈生命如何失去平衡呢？
8. 你尋求一段與基督更有意義的關係時，甚麼經文能給你方向呢？

7. 追求不死之身

如果我保重身體，便會長壽

諾厄一開始工作，會先聽取語音信箱的留言。首五個信息都是關於例行公事的，須要比寫便條更詳細一點來記錄所需資料，以答覆別人的提問。第六個信息是來自雅各的，即是羅斯的丈夫。那吞吞吐吐的聲音，好像不太熟悉在語音信箱留言的程序。

「亞當森先生，我是雅各。我的太太叫羅斯。你之前給了我你的電話號碼。不好意思，我不想打擾你的；但我的羅斯現在身在醫院，是她叫我打給你的。如果你這陣子會在紐約，她希望你可以給她一通電話。她的電話號碼是 212-930-4500，一四一五號房間。謝謝你。再次説聲不好意思，我希望我沒有打擾你。」

諾厄立刻拿起電話，撥打那個號碼。雅各接聽了。

「雅各，我是諾厄．亞當森，是你太太幾星期前從一場搶劫中救了的那個人。」

「噢，是呀。你回我電話，真高興。」

「你好嗎？羅斯好嗎？」

「嗯，諾厄，這正是我打電話給你的原因。羅斯她想見你。她的癌症已經惡化了。但她是個倔強的女人。否則，她怎可能還活著，跟我一起度過這幾年呢？她的痛楚愈來愈厲害，非常厲害。我知道你是個大人物，很忙，但羅斯覺得她一定要見到你才——」

「雅各，我也十分難過。」諾厄淚凝滿眶。「我今晚會來的。」

當下還未到早上八時，諾厄感到天旋地轉。他正正開始感到生命的實在和活力。他近來跟瓊的對話，正正是他一直以來的婚姻中最棒的，而且那天早上跟傑克聊天，正正為一段友誼帶來了全新的展望，這是他一直連想也沒想過的，更不消説想過有可能發生。那天駕車到公司，正正是多年來最愉快的一次，有清風吹過車窗。他跟喬納森的偶遇，正正教他感到很高興。

但現在他想回到牀上。從通風系統抽進來的空氣，已經換走了清涼的風，發出極之微弱的嚕嚕聲。跟喬納森説話後心裏充滿的輕快感覺已經消失。諾厄在椅子上往後一靠，雙手放在腦後，閉上眼睛，然後再張開眼睛。如果他想當天到紐約去，便得趕快動身。

坐計程車到醫院的路途，諾厄感到既平常又膽戰心驚。每一次突如其來的停頓，諾厄都嚴陣以待。每一次突然轉彎，他都雙腳踏穩。路途初段，諾厄在手提電話上跟瓊聊天。諾厄直到最近才發覺，他的妻子是個靈性觸覺敏鋭的女人。若不是一星期前事情衝著他而來，他不會對她的祈禱生活感興趣。

不過，一切都改變了。

「寶貝，我真的不想這樣説，但我現在身在紐約了。我在辦公室接到一個電話，是雅各，那個救了我一命的婦人的丈夫打來的。我離開芝加哥前嘗試打電話給你，但你不在家。事情是這樣的：羅斯現在身在醫院。她的癌症已經惡化了。我不知道要期望甚麼，我想你為我祈禱。」

「諾厄，別著急。你現在去醫院嗎？我們來想想你要帶些甚麼。我覺得你應該到花店走一趟——」

電話裏傳來「噼噼啪啪」的聲響。諾厄可以斷斷續續地聽到瓊的聲音，但聽不明白她建議去花店之後所說的話。這個想法，即使他想了好幾個小時，也不會想得到。他說了聲再見，心想或許她會聽到的。然後，他關上電話。聽到她的聲音，甚至聽到她為他著緊，令他有很好的感覺。但現在他覺得是要獨處的時候，將心靈投向這位陌生、曾救他一命的神。

他應該跟雅各和羅斯說甚麼？面對好幾個星期以來一直想念著和想像著，但又從未真正傾談超過三五分鐘的人，他應該怎樣跟他們說話呢？

計程車送他到布朗克斯（Bronx）的河畔醫院（Riverside Hospital）前下車。這段路程比他預期的短，他還有幾分鐘額外的時間。他利用這段時間，走到下一個街口的花店去。他挑選了一束鮮花，而鮮花的顏色，是跟羅斯在搶劫那天所穿戴的圍巾和連身裙配襯的。他想令她開心。他由衷地下定了決心，要盡自己所能，帶給她喜樂。

他拿著花束，一個突如其來的荒謬想法冒起：他即將要問羅斯可否嫁給他。他回想當年向瓊求婚，感到有一陣突如其來的難過湧上來。他問她可否嫁給他時，懷著的那一份熱誠，好像工程師在詢問建築工地規格似的。但他補上一句，說不知道自己會否想要小孩子，如果這是個問題，他們的關係可以和平地結束。就從那一刻開始，他挪走了一切讓人興奮的感覺。

從前，甚至乎現在，自己為瓊的人生帶來的色彩和香氣，竟然都是那麼少，他感到很不安。在某程度上，相比他以前聽過的、或者避而不聽的説教，羅斯和她恩愛的丈夫為他的婚姻帶來了更多浪漫和激情，也為他的心靈帶來了更多確信。

他穿過醫院大堂，查看樓層指南，找到可以帶他到她病房的升降機。升降機門在十四樓打開了，而在諾厄可以踏出升降機之前，他卻被一股氣味推至身後的牆。這氣味不像任何一種他遇過的氣味。這氣味十分濃烈，並覆蓋著消毒清潔劑的氣味，他知道，這就是死亡的氣味。

他想按下按鈕，下樓回到光明和忙碌的世界。他站在升降機裏，直到升降機門開始關上。然後，他按下按鈕，門再次打開。他這樣重複做了好幾次，直到一對夫婦在升降機前出現，顯然是想要坐升降機的。諾厄對他們點點頭，踏出升降機。

一四一五號病房在走廊的盡頭。他來到門前時，沒有故意拖延，相反，他嗅一下那束花便走進去。那是一個半私人病房，但只有一張病牀給佔用了。羅斯睡著了，呼吸得很吃力。諾厄只見過她一次，僅僅認得出她蒼白、憔悴的臉孔。

雅各正坐在窗旁，一張放了綠色塑膠抱枕的金屬椅子上。諾厄走進病房時，他轉過頭，站起來；他很明顯一直等待著諾厄到來。他很快地把手指放在他的嘴唇，拉著諾厄的手臂，帶他回到走廊。

「她怎樣了？」諾厄低聲問。

「不太好。不太好。」

諾厄想跑掉，但雅各一直沒有鬆開手。他抓著諾厄，好像強風中的船錨一樣。諾厄看著雅各一臉疲乏，問他：「還有多少時間呢，雅各？」

雅各垂下眼睛。「他們告訴我『很快』，但『很快』不是個答案，對吧？生命甚麼時候終結，我想沒有人會知道，不是嗎？不過，『很快』是指，時間一定會比我們平常所容許的拖延得更久。她想見你，跟你説聲謝謝，謝謝你給她生命中最後一個充滿希望的時光。」

諾厄想到這裏，淚凝滿眶。他原本過來是要謝謝她做了神的手；她倒想為了他讓她可以付出自己的最後一次而祝福他。

諾厄輕聲説：「雅各，我有很多説話要跟你和羅斯説。你知道她救了我一命，但我想告訴你們，你們倆救了我——我的婚姻、我的心靈。我知道這樣很不合情理，連我自己都覺得不合情理，但我對你們真是感激不盡。我不知道我應該怎樣做來表達我的感謝，但在這個古怪的城市裏，我確實可以給予的，就是一些可以隨你意願來使用的權力，為她提供最好的；我所指的，是這個城市應該要提供的**最優質**的醫護服務。只要撥一通電話，我可以叫最好的腫瘤科專家一天之內來到。雅各，你會讓我為你們倆做一切我能夠做的事嗎？」

雅各微微一笑。他的悲傷和疲憊沒有熄滅他眼神裏的溫暖。「諾厄，她充其量只能多活幾個星期。我知道你很著緊——從你的眼神我可以看得出來——你很想幫她。所以，你就儘管做一切可以藉幫助我們而為你帶來祝福的事吧。不要跟羅斯透露這事。她會擔心錢的問題。只有你知我知，好嗎？」

諾厄緊緊握著雅各的手。「只有你知我知。好的。」他們回到病房。

諾厄聽著羅斯溫柔的笑聲。甚至乎，他一直凝望著她平靜、無憂無慮的眼睛。雅各已經盡一切努力，不讓他妻子知道她快要離去，但她是知道的。她從他的眼神中看出悲痛，感覺到體內外敵那股辛辣的味道，而這外敵很快便會奪去她性命。她是知道的。

不過，她見到諾厄，非常高興。正如雅各所說：「她想告訴你，是你令她的人生變得快樂——而且，她想問你一些重要的事。」

諾厄聽到她想要甚麼時，驚訝得張口結舌。

雅各和羅斯一直無兒無女。他們已經相愛超過五十年，但雅各覺得羅斯有一種需要，是他永遠無法給予的；有一個缺口，只有孩子才能彌補的。數十年來，這件事一直困擾著雅各。可是，直到羅斯從劫匪手上救回諾厄一命，她覺得彷彿已經生了一個孩子。她的陣痛在她身上釋放出一個給困鎖了好幾十年的希望。

「你是我的兒子，」她對他說：「是我從來沒有的。我能夠帶給你生命，而這對我來說是一種**德行**（*mitzvah*）。我現在可以平平安安地死了。」

她問諾厄有沒有信仰。諾厄便告訴她，搶劫前他發生了甚麼事，當他看到他們並行時，自己的心覺悟到甚麼。他告訴他們自己以前對瓊缺乏愛，信奉基督不冷不熱，還有是甚麼事情喚醒了他。

雅各顯然不知道應該怎樣看這個故事，而所有關於耶穌的說話都似乎令他憂慮不安。雖然他為了不要錯過任何一個字或一個動作，身子向前傾，但雙手抱在胸前，跟整件事保持著某種距離。

對話持續了接近一個小時。對話結束，也只是因為有一個在那層當值的護士終於察覺到，專供親屬的探訪時段早已結束，而諾厄已經逗留得太久。護士告訴諾厄必須要離開時，雅各站起來。「這是羅斯的兒子。他可以留下來。他可以隨意進出。即使這樣意味著我必須要走，而你又覺得這是有需要的話，我便會走。」

護士退讓了。諾厄站起來，說他要撥幾通電話。他告訴羅斯，當晚他會回來的。

諾厄和雅各一起走出去。雅各的左臂挽著諾厄的右臂，右手搭在諾厄的前臂上。這個姿勢，令諾厄回想起第一次看見羅斯和雅各時的情境。

諾厄從來沒有試過覺得自己給授予這麼大的權力去完成一個任務。雅各帶諾厄走到升降機前，但二人都沒有說話，直到升降機門打開了。諾厄看著老翁的臉孔，覺得自己好像一個想要一直拖著爸爸的小男孩。

諾厄說：「雅各，醫院的內科醫生大概不能再做些甚麼的了，我會盡快找來這個城市最好的醫生來看羅斯。我答應你。」淚水充滿了他的眼睛。

雅各不能望著諾厄。他輕輕拍這年輕人的手臂，然後轉身便走，快快地擦掉眼淚。

薩姆·安德吉安不在他的辦公室。諾厄在會議室找到他在整理文件。

「諾厄，」他大聲喊道：「見到你真好。不過我沒想到你會來這裏，直到下星期——」他停了一下，察覺到諾厄繃緊的臉容。「芝加哥那裏出了問題嗎？」

「沒有，沒有，」諾厄向他保證：「一切都很好。不過，如果你願意的話，有一些事你可以幫我的。是一些私事。」

諾厄把整個故事傾吐出來，告訴薩姆數星期前，那次命在旦夕時的偶遇之後，發生了的所有事情。薩姆聆聽著時，有一種深層而難以說明的情感從他的眼神裏隱藏了起來——一種類似劇痛的感覺。

「這太太，」他問：「是她救了你一命。」

「不單是救了我的命。她——」

「她還是個大屠殺中的生還者。」

「我想是的，沒錯。我不清楚詳情，但——」

「沒關係。故事都是千篇一律的。」薩姆開始說話，稍停，然後又再次開口。「我失去了我母親，你也知道。他們在我家射殺她的。」

在房間裏，諾厄感覺到他的哀傷有多沉重，是一份永遠不能治愈的悲痛。「我也聽過這件事，安德吉安先生。我只是——」

「這是一件人對彼此做出的可怕事情。不過，人們互相幫助，是一件好事。她之前幫了你。那麼，我們可以怎樣幫她呢？」

諾厄微微一笑。「我就是期待著你這麼說。你可認識好的腫瘤科專家嗎？」

當天晚上，羅斯由救護車轉送到慈愛醫院（Mercy Hospital），交給那裏最優秀的腫瘤科專家照顧。她有私人病房，有護士不分晝夜的照料，還有一羣會照顧她如同以前照顧薩姆的母親一樣的內科醫生。事實上，有幾個還以為他們在照顧薩姆的母親。

諾厄在紐約逗留多幾天，在辦公室花了幾個小時之後，便立刻趕到醫院去。每次他到達時，羅斯總是投訴擺設太奢華。不過，作為一個好兒子，諾厄會責怪她，告訴她若是再投訴下去，便會在房裏擺放更多花。

諾厄坐著好幾個小時，聽著羅斯講述她的家庭。這對諾厄來說是個全新的體驗。他以前甚少有足夠的耐性聽別人講述自己的故事。現在他聽著羅斯描述她父親給納粹德國親衛隊（SS；編按：SS為"Schutzstaffel"的簡稱）拖走的情境，聽得入神。羅斯曾經待在她母親的牀側三天，生怕她母親會永不休止地抽泣。

羅斯告訴諾厄，前一晚她看見母親時，她的聲音變得嘶啞了。她父親的兄弟曾經安排了他們一家逃亡到克拉科夫（Krakow），但到了要逃亡的那一晚，她母親沒有換衣服，也沒有離開牀鋪。叔叔懇求她母親，甚至恐嚇她，但無論如何都不能令她離開。她要等待她的丈夫回來，或者在她的悲痛中消失。沒有事物能打動她。

羅斯再沒有見過她母親了。

「人生在一瞬間結束，」羅斯說：「但那個時刻的記憶永遠不會離開我。我被人從母親身邊帶走，而其餘每一個有關她的記憶，都有她壓抑著的哭泣聲，和雙手交疊放在她腦後的情境。我永遠無法抹掉那一晚的記憶。我發覺，生命跟死亡，往往只是一下心跳之差。」

「我知道那是我的咒詛，也是我的拯救。我不想死。我不想離開雅各。我害怕。我不怕的話便是傻了。但另一方面，我知道每個時刻其實都是從死亡那裏取過來的，這個想法讓我可以滿懷喜樂地生活。我想，即使我當時只有十歲，也已經知道人們可以決定到底自己要活著、要真真正正地生活，還是只是裝着過活的樣子。」

她伸過去把諾厄的手放在她瘦骨嶙峋的手裏。「你看，諾厄，死亡來了。它悄悄地靠過來。但它最終都沒有能力得勝。所以我的雅各每次離開他的小店時，我知道那可能就是我最後一次見到他。不過，我從沒有因為我的雅各離開而憤恨，我也從沒有因為母親選擇了死亡、離開了我而怨恨。我只知道我不能在自己的日子之前死掉，也不能否定死亡一直都存在。」

諾厄輕輕拍她的手，然後走到窗前，試著保持鎮定。他知道自己在聽的是一種不尋常的智慧，但這樣不能制止他內心那悲淒的感覺。

「諾厄，」她在他背後說：「死亡就好像看著海洋的水平線。你知道它是水平線，它限制你能看到的事情。但那條線，那條可怕的線，會一直阻止你看另一邊有甚麼東西。這就是我對死亡的看法。水平線以內就是我能看到的一切，但我知道另一邊還有更多的。死亡已經成為日常生活中的一個實況，令我的人生微小卻重要。」

「我只是很微小、很微小而有氣息的生物，我不是創造者。但我很感謝自己獲賜予的每一下呼吸。每一下呼吸對我來說，似乎都比任何挫敗或者任何痛楚更難能可貴。我的朋友在投訴，或者在我背後談論我不育的事，不過我常常在想，**我可是活著呢。我活著，我也會死。我的死亡可能下一秒鐘便到，所以我會輕輕地握著這一刻。**」

「活著，諾厄，活著，是多麼重要呀！而且我知道我有一個兒子——一個兒子，到我的子宮已枯乾時，才獲賜予這個兒子。你跟我說的都是真實的，諾厄——關於你的彌賽亞、你的耶穌——重生、生命活躍起來，只因為死亡似乎已經得勝了。我有一個兒子，諾厄，一個兒子。所以我也明白重生的事，而死亡並不像看起來那麼殘酷。謝謝你，因為你是被差派來的，讓我可以帶著一顆那麼充實的心靈死去。」

諾厄覺得自己眼睛瞪大了。他不能救她，但他想記著她，想完完全全開放自己的心靈來接受她這份禮物。當晚，他離開她的房間，找路走到升降機大堂，她的臉容一直逗留在他的心裏，好像幽暗森林中的一輪滿月。他痛得太深了，深得哭不出淚來，他期望的事太大了，大得不能用言語表達出來。

是時候回家了。

偶像：「如果我保重身體，便會長壽」

如果你試過走進醫院，看到心愛的人在垂死之中，便會明白諾厄痛苦掙扎和無助的感覺。諾厄有能力更換羅斯住的醫院和醫生，但他不能避開死亡。他不能阻擋老化、朽壞和死亡。

傳道者已經帶我們走上令人沮喪的人生旅途。他已經很仔細、很認真地觀察日光之下的人生。他已經在不同範疇尋找過人生意義——在控制權力上、關係上、工作上、快樂上、智慧上和靈性上——而且得出一個叫人失望的結論：**凡事都是虛空**。不過，每次他都加以闡釋一下，講述一份可以從生命本身找到的喜樂：

> 人莫強如吃喝，且在勞碌中享福。（傳二24）

> 故此，我見人莫強如在他經營的事上喜樂。（三22）

> 我就稱讚快樂，原來人在日光之下，莫強如吃喝快樂；因為他在日光之下，神賜他一生的年日，要從

勞碌中，時常享受所得的。（八15）

少年人哪，你在幼年時當快樂。在幼年的日子，使你的心歡暢，行你心所願行的，看你眼所愛看的；卻要知道，為這一切的事，神必審問你。所以，你當從心中除掉愁煩，從肉體克去邪惡。（十一9～10）

抓緊今天（*Carpe diem*）！把握今天！這個拉丁詞彙跟它的英文翻譯都掌握了傳道者在這些經文所表達的看法。如果我們的存在沒有一個永恆不變的意義，或許我們便應該停止發問，只要抓緊我們今天在人生裏可以享樂的一切機會。為甚麼要憂慮明天呢？為甚麼要著緊自己的將來長遠生活福利呢——根本沒有甚麼將來的生活。倒不如活在當下，擁抱一切我們找得到的滿足感就好了。

肯定生命，逃避死亡

傳道者的想法似乎顯然是荒謬的。健康或是生病的好？有能力或是沒能力的好？身手敏捷或是患關節炎的好？年輕或是年老的好？活著或是死亡的好？

我們大部分的文化都呼應了傳道者的取態，都是堅持我們須要追求生活、健康和活力，而且不惜一切地避免朽壞、病患和死亡。

誰令我們的雜誌封面閃閃生輝呢？是那些體現生命各種力量的典範人物。他們年輕又有活力，膚色黝黑又健康。那些雜誌裏的文章，都在鼓勵我們，要竭盡所能地追求美麗、健康和活力。一個針對近代的雜誌的調查，總結出以下引人深思的標題：「為甚麼外表在任何時候都這麼重要」、「為甚麼性可以療傷」、「生活模式大改造：讓生命由優秀變成卓越」、「速成班：健康美麗的指甲」、「健康飲食忙不停」。

我們怎能否定這些事呢？如果生命是寶貴的，那麼我們確實必須盡我們所能，追求那些令我們生命變成最好的特質。

豐盛——但不是毫無痛苦

福音吸引人之處，歸根究底——就是生命，不是嗎？耶穌其中一句最為人熟悉的說話，便是關於生命的：「神愛世人，甚至將他的獨生子賜給他們，叫一切信他的，不致滅亡，反得永生。」（約三 16）還有一句相似的經文，則是承諾耶穌來到世界，會為生命帶來極大的豐盛：「我來了，是要叫人得生命，並且得的更豐盛。」（約十 10）

生命是福音的核心，而且，正如很多福音派人士指出，我們不用等到死後才體驗耶穌帶來的喜樂。豐盛的生命，現在就可以擁有。我們當中曾踏出那一步，到達神的恩典的人，便知道這話是真的。我們的生命已經給真光充滿。生命的承諾就是福音的中心。

我可以看到這個美妙的循環，在我兒子那一代自行重複著。我排行中間的兒子蒂姆（Tim），現在為他在中學認識的朋友組織了一個查經小組。過去兩年，不少蒂姆的朋友都接受了耶穌基督的福音，而且看見他們的生活充滿著新生命和活力，是一件很開心的事。

我特別想起內德（Ned）。內德求助於耶穌時，真的「著了火」。他的問題似乎都消失了。他不再懼怕過每一天，反而一醒來便抱著一份熱誠，熱切渴想體驗神已經為他安排了的事情，跟別人分享他的新信仰。他真真正正感覺到，邀請耶穌進入自己內心時，這份滿載喜樂的永生禮物便立刻開展了。似乎對他來說，也似乎對我們中間許多剛剛開展信仰生命旅程的人來說，他從此便不會再遇上困難。

當然，隨著日子久了，他便知道那不是真的。因為在墮落的世界裏，豐盛的人生從不等於毫無痛苦的人生。

我們有些人都聽過，福音被展現為一種除掉我們生活中一切困難和煩擾的方法。有些福音介紹更是言過其實，表示接受基督教可帶來突如其來的肉身醫治，甚至財政上的獲益。我和艾倫德最初構想這本書的時候，想過把它命名為《豐盛生命——你應該要先看看條款細則》(*The Abundant Life: You Should Have Read the Fine Print!*)。雖然有人很明智地建議我們棄用這個書名，但這個書名掌握了我們想在這裏表達的重點。聖經承諾我們豐盛的生命，卻從來沒有承諾無憂慮、無苦難的生命。反而，聖經告訴我們，成為基督徒會增加我們的痛苦。

對於身為基督徒要承受生命中的痛苦，保羅是個優秀詮釋者，可能是因為他非常明白這一點(參看弗三 13；林後十二)。在任何時候，保羅都提醒我們，我們對基督的信沒有讓我們免除苦難。他邀請他的弟兄姊妹加入受難者的羣體，而且不只是強調我們要預期生命中有艱難的時候，更要看到這些艱難的時候對信徒的價值:「在患難中也是歡歡喜喜的；因為知道患難生忍耐」(羅五 3)。的確，他明顯視基督徒生命為一條從受苦走向榮耀的道路(八 17)。

死亡的侵擾

從社會層面來看，我們在提升生命方面已經做得非常好了。美國文化是樂觀、有活力和有朝氣的。我們能阻止死亡靠近——但只是暫時的，因為所有在嬰兒潮之下出生的人都陸陸續續發現到這一點。

我和艾倫德都是一九五二年出生的，接近嬰兒潮的前期。在第一羣嬰兒潮出生的人，生於一九四五年，現在都年過六十了。我們開始發覺，自己都漸漸衰弱，邁向墳墓了。結果，雖然我們長期抑壓對死亡的想法，但現在都開始設法抓住死亡的現實。而且，一旦嬰兒潮時期出生的人決定要設法抓住某些東西，那些東西便會成為我們社會的重要主題。

傳道者知道死亡的侵擾。他發覺，**抓緊今天**的生活模式能夠提供的最大好處，就是讓我們可從人終有一死這個無可逃避的事實中，暫時分散一下注意力。

如果傳道者今天還活著，他看著一份雜誌的封面時，所見到的不只是清新潔淨、膚色健康的臉孔，而是緩慢卻穩定的老化過程。他會見到皺紋和老人斑的侵蝕。他會見到直板板的背部和柔軟的關節，都變得又彎曲又疼痛。的確，在傳道書中可能是其中一段最有力的經文裏，他繪了一幅很生動的圖畫，描述老化過程：

你趁著年幼、衰敗的日子尚未來到……

　　當記念造你的主。

不要等到日頭、光明、
　　月亮、星宿變為黑暗，
　　雨後雲彩反回，
看守房屋的發顫，
　　有力的屈身，
　　推磨的稀少就止息，
　　從窗户往外看的都昏暗；
街門關閉，
　　推磨的響聲微小，
　　雀鳥一叫，人就起來，
　　唱歌的女子也都衰微。
人怕高處，
　　路上有驚慌，
　　杏樹開花，
　　蚱蜢成為重擔，
　　人所願的也都廢掉；
　　因為人歸他永遠的家，
　　弔喪的在街上往來。
銀鍊折斷，金罐破裂……
　　水輪在井口破爛，

塵土仍歸於地，

靈仍歸於賜靈的神。（傳十二1～7）

這就是傳道者最後說的話，而這些說話並不鼓勵人心。不過，這卷書不是以這幾句為結束的。我們現在便知道，有第二個智慧人出現了，他不單肯定了傳道者對日光之下的世界的理解，更指給他的兒子和我們這羣後來的讀者看，一些更美好的事情，一些在日光之上的事情。但轉向日光之上的觀點前，我們必須認真細看傳道者所說的話。

在這些經文裏，他毫不客氣地提醒我們，我們會老，我們也會死。他用了三個不同的比喻來講述這個事實。

第一個形象很簡單，是為後來所說的設定一種氣氛。傳道者以暴風雨即將來臨時，天色漸漸昏暗陰沉，比喻人漸漸老去。年輕是陽光溫暖的時期；年老是潮濕黑暗的時期。

在第二個場景，焦點轉移到一間屋子裏，但我們仍然可以想像到屋外的雨雲。四類人同在屋子裏，他們各自在長嗟短歎。希伯來文裏說得很清楚，那裏有兩類男人和兩類女人，但這個意思在英文翻譯裏沒有保留。然後，這幾類人又分成屋子裏的貴族和僕人。前者是「有力的」男人和悠閒的女人（「從窗戶往外看的」），他們都漸漸衰弱。男僕人（「看守房屋的」)和推磨的女人，也是一樣。

這句經文所呈現的圖畫跟之後幾句的，都是關於一間無人打理的屋子漸漸荒廢，同時，外面的生命繼續活著，好像甚麼都沒有發生過一樣。那即是說，這間屋土崩瓦解時，杏樹還在開花結果，草蜢還是繼續自己愉快的生活。

傳道者想我們把那間屋聯想成我們自己的身體。不管我們如何好好照顧自己，到頭來，老化的過程總會影響到我們。其實，它已經開始影響我們了！

這個論點，是來自《舊金山紀事報》(*San Francisco Chronicle*)裏一篇題為〈歲月歷煉的時間表：人如何變老〉("A Timetable of the Ravages of Ages: How a Man Ages")的文章。這篇文章的筆觸頗為幽默，但隨著讀者愈來愈年長，文字看起來便愈來愈不有趣！

有不少說法，認為人慢慢到達三十之齡，他的身體便會有很多可怕的變化。三十歲的時候，他不是體質特別差的人。他比以前胖了一點，走得慢了一點，有一點禿頭，不過，比以前聰明。話雖如此，他的身子剛剛過了體質最佳的時期，已經開始每天逐漸地衰弱，每年失去大約百分之一的身體機能。

細胞正在消失，身體組織正在變得僵硬，體內的化學作用正在減慢。到了七十歲，他的體溫會降低兩度。他站起來會比以前矮了一寸左右。耳朵也比以前長了。沒有人明白這是為甚麼。

這篇文章聽起來，明顯跟傳道者的描述很類似。請留意，他描述屋子和其住客的那一段，不但可以作為一個以荒廢的屋子象徵身體的比喻，也是一個寓言。其實，《新當代聖經》（New Living Translation）的翻譯把這一點表達得很清楚：

> 時候將到，你的手臂要發抖，強健的腿無力。你的牙齒只剩幾顆，難以嚼嚼。你的眼睛昏花，視線模糊不清。（傳十二3；《現代中文譯本》）

這不是一幅美麗的圖畫，但卻很真實。傳道者形容死亡為斷了的銀鍊，破裂了的金罐，畢恭畢敬地向死亡致以最後的陳述。生命是很寶貴的，因此都以昂貴的金屬來形容。可是，在死亡面前，它們都變成無用之物。

在這段總結的講辭裏，傳道者重申，死亡是一切事物的終結。但事實上，他沒有將焦點放在死亡之上，也沒有放在邁向死亡的痛苦過程之上。他所悲歎的，是我們因為視力愈來愈差了（「從窗戶往外看的都昏暗」〔傳十二3〕），因為嚼嚼和享受美食的能力消失了(「推磨的稀少就止息」〔十二3〕),因為有聽力上的困難(「唱歌的女子也都衰微」〔十二4〕),因為開始變得性無能(「人所願的也都廢掉」〔十二5〕),我們愈來愈難跟世界互動。

疼痛和苦楚,帶來削弱體質的疾病,終致死亡;傳道者形容死亡為「塵土仍歸於地,靈仍歸於賜靈的神」(傳十二7)的時候。這樣的形容,牽起一份沒完沒了的傷感,而且跟創世記二章7節記載創造亞當和夏娃時的描述恰恰相反。

死亡:終極的咒詛

死亡顯然在傳道者的生命裏投下了一個又長又暗的影子。我們人類的死亡,是他在控制權力、關係、工作、快樂、智慧或靈性裏找不到意義的主要原因。他多次提出,我們在這些範疇達不到目標,並不要緊——因為死亡會結束這一切。

傳道者也沒有肯定,人死後是否有生命,讓我們現在可以寄予希望。他一度表明,雖然神在掌控,但我們不知道死後會發生甚麼事:

> 義人和智慧人,並他們的作為都在神手中;或是

> 愛，或是恨，都在他們的前面，人不能知道。凡臨到眾人的事都是一樣：義人和惡人都遭遇一樣的事；好人，潔淨人和不潔淨人，獻祭的與不獻祭的，也是一樣。好人如何，罪人也如何；起誓的如何，怕起誓的也如何。在日光之下所行的一切事上有一件禍患，就是眾人所遭遇的都是一樣。（傳九1～3）

不過，在書卷的另一處，他又質疑神在我們死後，會否給予我們有別於其他動物的看待：

> 因為世人遭遇的，獸也遭遇，所遭遇的都是一樣：這個怎樣死，那個也怎樣死，氣息都是一樣。人不能強於獸，都是虛空。都歸一處，都是出於塵土，也都歸於塵土。誰知道人的靈是往上升，獸的魂是下入地呢？（傳三19～21）

傳道者說得沒錯，死亡的事實的確為生命的經歷帶來陰影。我們渴望健康、力量、活力、成長，而且我們都可能擁有這些東西，但我們也知道，這些只不過是暫時的。生命道路的盡頭往往是死亡，而人一般要先走過痛楚和衰竭的艱苦路段，才能到達死亡。

我們當中很多人，現時都是很活躍、很健康，有家人和朋友在身邊的，將來都會離開家人朋友，在缺乏人情味的護理院裏，度過無力照顧自己的人生最後幾個月，或者幾年。考慮到那個將來的事實，我們怎樣看自己的生命和成就呢？

傳道者只能總結一句：**凡事都是虛空**。

死亡的恐怖

傳道者絕對沒有說錯，死亡是恐怖的。按照聖經所言，死亡也是不自然的。我們須要做的，就是回到聖經的首幾個篇章，明白箇中的教訓。

亞當和夏娃被造時，只知道有生命；死亡並不屬於神的創造。不過隨後在創世記三章，他們犯了罪。而罪的結果，正如他們給預先通知的，就是死亡。人類的壽命便有了限制。保羅解釋：「這就如罪是從一人入了世界，死又是從罪來的；於是死就臨到眾人，因為眾人都犯了罪。」（羅五 12）

因為我們基督徒都知道死亡的起源這個令人傷感的故事，便應該比其他人更會看得出死亡的恐怖。可是，我們往往都不會。我們藉那些聽起來很虔誠的老生常談，說一切都會安好、萬事都在神的控制之內、死亡不是終結，但背後卻是抑制著自己對死亡的恐懼。有趣的是，這些說話大都是真確的，但又毫無力量，直到我們都認真起來——如聖經那般——著手處理死亡和垂死帶來的痛楚和受苦的時候，情況才會不一樣。

也許這樣很難，但請嘗試用幾分鐘，認真思考你自己的死亡。放膽一點去想。幻想自己慢慢失去知覺。你還有一點神智清醒的時間，記念那些你最親密的人。你想起你遺下來的配偶。你想起你的孩子，希望自己還能給他們一點最後的囑咐。你想起那些還未完成的計劃、還未實現的夢想。

現在，試試從另一個角度思考死亡。也許最近你有親人去世，試想想那份失去的痛楚、分離的孤寂。試回想一下你與那個人彼此的友誼，回想一下你有多尊重和愛他或她。

我們所閱讀的故事，大部分都有一個猶如旅程的故事脈絡。死亡就是那個旅程裏一次突如其來的中斷；是一篇又意外又比預期早了出現的最終回。雖然我們喜歡幻想死亡會在夜裏輕輕地、溫柔地來到，但研究報告顯示，死亡的到臨往往不是這樣。

在公眾電台節目「談天說地」(“All Things Considered”)上發表的一項研究指出，百分之四十的人在劇痛（根據那些尚在人世的親人和朋友所說）之中死去。餘下百分之六十的人當中，大部分都感覺不到痛，只是因為用了非常多藥物來控制病情。很多人死的時候，都沒有人際網絡的支援；沒有朋友或者親人，獨自面對死亡。

我們不應該將死亡繪成一幅絢麗的圖畫：死亡真的很恐怖。我們只有正面面對死亡，如實地形容它，才能真正了解傳道者所說的事實。而且，我們只有理解死亡的恐怖，才僅僅能夠略懂基督死在十字架上的意義。

同時，從肯定生命和盼望的角度來看死亡，也是可行的。羅斯因為死亡的真實，既焦躁不安，又變得更明白人情世故，是一個很奇妙的例子。父親的死亡粉碎了她年幼時的人生。然後，母親選擇「在她死之前去世」，增加了她好好活著的決心。她不能生孩子，不能讓孩子承接她的名字和她的記憶，加添了她的悲痛，但沒有搶走她的人性：她繼續懷著希望和夢想，沒有心存怨恨或堅決要求。在她整個生命中，她都容讓死亡的真實塑造出一份深厚而持久不變的感恩，為氣息和生命這份禮物而感謝。她沒有把她的禮物視為理所當然的。相反，即使是生命中的悲劇，她都看作是禮物的一部分，謙卑地一一接受。

不過，羅斯沒有復活的最終盼望。對於一直讓她繼續活下去，又從死亡裏復活過來，表明祂已經勝過死亡的那一位，羅斯沒有很大的信心。身為耶穌基督的信眾，我們對死亡的意識應該不比羅斯弱；想要抓緊每一下呼吸顯出來的全然驚歎和榮耀的心，也應該不比羅斯少。不過，我們還有耶穌基督的福音……還有一份更美好的盼望。

日光之下的新事

在傳道者眼中，死亡令生命變得無能。他望向將來，看到自己的終結，教他開始質疑自己整個生命的意義。他望向將來，不是抱著盼望，而是抱著一個令人感到壓迫的思想，以為「日光之下」永遠不會有「新事」。

為這卷書帶來終結的第二個智慧人，是傳道書裏具有權威的聲音。我們已經看過這位沒有透露姓名的先哲，一方面肯定了傳道者對日光之下的生命、遠離神的生命的觀點，另一方面，他繼續囑咐他的兒子要「敬畏神」，要記念日光之上的事。當然，對基督徒來說，日光之上的觀點必須包含了耶穌基督的福音。

有一段很重要的新約經文，可以幫助我們了解傳道書延伸下去的意義；那就是羅馬書八章 18 至 25 節：

> 我想，現在的苦楚若比起將來要顯於我們的榮耀就不足介意了。受造之物切望等候神的眾子顯出來。因為受造之物服在虛空之下，不是自己願意，乃是因那叫他如此的。但受造之物仍然指望脫離敗壞的轄制，得享神兒女自由的榮耀。我們知道，一切受造之物一同歎息、勞苦，直到如今。不但如此，就是我們這有聖靈初結果子的，也是自己心裏歎息，等候得著兒子的名分，乃是我們的身體得贖。我們得救是在乎盼望；只是所見的盼望不是盼望，誰還盼望他所見的呢？但我們若盼望那所不見的，就必忍耐等候。

保羅在這裏形容世界「服在虛空之下」（“subjected to God’s curse”）。他觀看四周，見到邪惡、受苦和不公義的事。他知道舊約聖經和創世記三章所記載的關鍵大事，就是亞當和夏娃信了蛇的說話，以致破壞了他們跟他們真實的主的關係，結果，事件帶來了咒詛，而這咒詛衍生出來的後果，在整個世界——日光之下的世界——產生了深遠影響。

那麼，保羅也是同意傳道者所說，這個世界是一個「敗壞」（“death and decay”）的地方，但他對未來的看法卻是截然不同的。傳道者抱著一種憤世嫉俗、絕望和悲觀的態度來看未來，因為他以為一切生命都止於死亡。可是，使徒保羅卻是抱著渴望、信心和耐心的態度來看未來，強調我們要「切望等候」（“wait with eager hope”）！

保羅盼望的根據是甚麼？就是耶穌基督。你看，傳道者說「日光之下無新事」是錯誤的。透過先知的話，他應該知道在未來將會有新的事情發生，而且這**事情**其實是指**那一位**——耶穌，彌賽亞。

讓我們思考一下，基督透過傳道書這面稜鏡做了些甚麼。耶穌是神，祂把自己獻給世界，服在那約的咒詛之下。保羅在腓立比書二章6至8節如此形容基督：

他本有神的形像，
　　不以自己與神同等為強奪的；
反倒虛己，
　　取了奴僕的形像，
　　成為人的樣式；
既有人的樣子，
　　就自己卑微，存心順服，
　　以至於死，且死在十字架上。

耶穌令自己順服於日光之下的國度，而「世界卻不認識他」(約一 10)。根據馬太福音和路加福音所記載，耶穌的出生，並不是對期待已久的彌賽亞來到以色列的隆重歡迎儀式；這事在巴勒斯坦一個隱蔽的角落，在一個馬槽裏發生。在短短三年的傳道生涯裏，祂得到一定程度的知名度。不過，祂在世的最後一段日子裏，一羣羣的跟隨者不見了，甚至連祂親密的門徒都開始與祂疏離。

在這世界上，耶穌獨自走上十字架，但這還不是最壞的時候，直到祂在十字架上度過了十一個小時。祂受的苦已經很沉重了，但最後，當耶穌大聲喊叫：「以利！以利！拉馬撒巴各大尼？」祂就是說：「我的神！我的神！為甚麼離棄我？」(太二十七 46)那才是真正恐怖的一刻。那時候，耶穌經歷了「日光之下」那約的咒詛的影響，而傳道者只遙遠地體會到一點點。

這是為甚麼呢？耶穌經歷咒詛，是為了使我們脫離咒詛(加三 13)。祂死，是為了把我們從死亡的終極恐懼中釋放出來。祂的死亡，為我們開闢了一條道路，經歷保羅在羅馬書八章所說「自由的榮耀」——因為耶穌的死亡帶來了祂的復活。

保羅在腓立比書二章 9 節引用的頌詞後半段，便闡明了這事：

所以，神將他升為至高，

又賜給他那超乎萬名之上的名。

新約告訴我們，我們要跟隨耶穌的腳步。我們會受苦；我們會朽壞；我們會死亡。但因為耶穌，我們可以補充一句說：「我們也會復活！」使徒保羅談到死亡的一篇重要經文，哥林多前書十五章，引用了何西阿對死亡被擊倒了的歌頌作總結：

「死被得勝吞滅」……

死啊！你得勝的權勢在哪裏？

死啊！你的毒鈎在哪裏？（林前十五 54～55）

這是指我們現在不會感覺到死亡的痛楚嗎？讓我們看看，耶穌在客西馬尼園，思想到十字架的時候。祂正面對死亡，心驚膽顫，即使祂知道自己是神的兒子。

沒錯，我們懼怕死亡；死亡是恐怖的。但我們也肯定，死亡並不是故事的終結。我們活著——是因為耶穌。受苦之後是榮耀。死亡之後是生命。釘身十字架之後是復活。在基督裏，我們都有一份確知的盼望。

享受時光

我們已經看到，傳道者提倡享受眼前短暫的快樂，因為他覺得我們在這生所體驗的就是人生的一切。他建議我們把握一切我們所得到的賞心樂事。之後，我們留意到，傳道者錯誤地把自己的目光局限在「日光之下」，而沒有接受死亡並不是故事的終結這個真相。然而，即使在我們中間那些在基督裏有盼望的人，也會明白到一個事實：因為死亡，我們便應該充分地活出生命。

在目前的困難中，神的確會給我們一點點喜樂，而我們不應該否定這些喜樂。我們尋求目前的祝福，誠然並沒有錯。作為基督徒，明白死亡並不是終結，我們誠實地肯定——「沒錯，我們會死」——能有助我們增添對神現在賜給我們一切事物的喜樂。

因為死亡不是終結，思考死亡不會毀掉我們。甚至，當我們擁有美好的日子時，記念到年紀老邁和臨終的事，會增添快樂。

或許你認識某些人，曾經跟死亡擦身而過，最後活過來，跟你說著他的故事。通常，這類人康復之後，都會對生命中微小的快樂有了一份新的領會。不過，我們不需要經歷這樣的危急關頭，才能以肯定生命的方式活著。我們只需要把傳道者的勸告銘記在心，花一些時間默想我們的死亡，想像我們不能再做自己日常生活裏會做的事情。然後，或許我們不單在特別的時刻，更會在日常工作之中，如清洗碗碟、清理垃圾的時候，找到加倍開心的感覺。

只要死亡的刺痛被基督受死和復活的行動除掉了，我們便不用懼怕引向那個盡頭的過程。雖然我們的文化極度主張年輕和活力，刻意迴避老化的過程，但我們可以從另一個角度看，在生命的不同階段尋找新的領會。我們不用想著，自己一過三十歲便「走下坡」。我們不用以妒忌的眼光，看那些比我們年輕的人。

人生的每個階段都有無可避免的負擔和潛在的喜樂。負擔時時刻刻都有，因為人自墮落以來都不是沒有煩憂的。同樣，喜樂時時刻刻都在，只要我們懷著謙卑和感恩的心接受和讚頌喜樂便可以了。

如此，我們又回到原處了。傳道者認為，生命因為死亡而毫無意義，相反，保羅斷言，只因為死亡，生命才有意義。分別就在於耶穌基督。

因為基督，我們才知道死亡並不是終結，而是最後一次的出生。死亡不是最終回，而是我們生命故事永無終結的續篇裏的第一章。死亡引領我們從充滿掙扎、困難、傷害和痛楚的生命，來到神會擦乾每一滴淚水的生命。我們不知道我們在天國生活的詳細情形；我們只知道那會是很美好的。我們知道不公義將會給平反，痛苦之後將會是無比幸福。

耶穌基督已經勝過死亡，而且把我們變成在受苦中仍能肯定生命和滿有喜樂的跟隨者。祂的勝利轉化了我們的生命。

日光之上的生命

日光之下，生命有一個明確和不光榮的終結。死亡的恐懼驅使我們對所有其他事物的恐懼，令控制權力、關係、快樂、智慧或靈性都變得毫無意義。如果一切都會在墳墓裏的黑暗中終結，為甚麼要操心呢？

我們在日光之上的觀點可以給我們答案。在基督裏，死亡是個戰敗了的敵人。死亡的過程是墮落的標記，不會被接納為朋友。不過，我們知道死亡不是終結，反是一個新的開始，開始一個更美好的故事。死亡是一條路徑，不是通往遺忘和失憶的狀態，而是通往與神一起生活的無比幸福。

日光之下的觀點引發了傳道者對生命的無奈，認為生命是毫無意義的：

- 控制權總是從我們的掌握之中溜走。
- 關係總是帶來失望。

- 工作總是讓我們遭受挫敗。
- 快樂總是一瞬即逝。
- 智慧總不能給予適切的引導。
- 靈性常常於律法規範面前屈服。
- 生命的終局是朽壞和死亡。

可是，日光之上的觀點為我們在世生命的各個範疇，都注入了全新而持久不變的意義，因此：

- 控制權引領我們順服神的旨意。
- 關係引領我們信靠神的愛。
- 工作引領我們為神的國度努力工作。
- 快樂引領我們渴望神的來臨。
- 智慧引領我們懷著謙卑的好奇心去認識神。
- 靈性引領我們擁抱神熱情的心。
- 生命引領我們喜樂地慶祝死亡和復活。

傳道書的教導就是，一切都藉基督而變得不一樣。我們的生命絕對不是毫無意義的，因為祂在我們的生命裏注入了意義。

再細心看看

請重新閱讀傳道書十二章 1 至 7 節。

1. 讀這段有關年紀老邁和臨終的詩歌描述時，你有甚麼聯想呢？它是否道出你老去的經歷呢？如果你又年輕又健康，或許可以思考一下，你觀察到自己父母或其他與你親密的人老去的過程是怎樣的。
2. 傳道者說這話的時候，抱有多大的盼望呢？面對死亡時，你會從哪裏得著盼望呢？

我們如何追求生命？

1. 你懼怕死亡或年紀老邁嗎？懼怕死亡有甚麼不對？
2. 關注自己肉身的美麗是徒然的嗎？
3. 你覺得以死亡的恐懼，來衝擊人們思考基督的救贖，合乎情理嗎？
4. 在現處的人生階段裏，你喜歡自己的甚麼東西呢？有甚麼事情困擾著你？
5. 甚麼時刻或經歷為你的生命帶來意義呢？
6. 你是否抱有盼望地展望將來呢？為甚麼？
7. 甚麼聖經篇章形容與基督的關係所給予我們的意義？

總結
尋找豐盛人生

諾厄回到芝加哥，就好像一個長期失蹤、原以為自己已經死了的水手回家那樣；只是沒有人知道他曾經迷失了，或者，沒有人知道他回來為自己開闢了一條不一樣的人生路。

諾厄渴望告訴瓊，他跟雅各和羅斯相聚的時光是如何的，卻很難運用言語來表達他和羅斯共處的時刻是怎樣的。瓊聽著那些故事，很驚歎他們能夠觸動到他的心靈。她沒有給告知，也察覺到諾厄這次回家，比上一次從紐約回來時有更大的改變。

那星期，諾厄花了很多時間為查經班作準備。他曾經打電話給傑克，問他可否借一點時間來講述一下他這次旅程的事。「當然可以啦，諾厄，」傑克回答他：「不過，這次發生了甚麼事呢？」

「這次真的很棒。我從來沒有試過如此更能感覺到痛苦和喜樂。我跟雅各和羅斯分享我的生命和信仰。我不知道他們怎麼想，但離開他們時，我覺得自己更有人性，更能感覺到神。」

在那星期接近週末的時間，瓊知道了傑克和諾厄曾經在下班之後到潔思家裏，跟她談及她的工作情況。初時，瓊覺得諾厄一直沒有跟她提及過，這很奇怪。但潔思很興奮地告訴她，兩個男士已經為她安排了到諾厄的公司工作，而條件就是她要重返校園，取得一個會計學的學位。那時，瓊便明白了。諾厄也許是從未試過如此介入別人生命，覺得很難為情。

「我不知道他怎麼會這樣子，瓊。」潔思說：「他很親切，很有禮，而且老實說，他真的十分堅持地說，如果我不想重返校園唸書，便不會幫我。他跟以前很不一樣，但又很諾厄的。他有學校時間表，還已預先弄清楚公司將會提供的資助，並我在未來三年每月須要儲起來交學費的金額。我敢說——他就是如此一副老父相，他或許應該再穿上一件灰色汗背心、咬一根煙斗。這個男人怎麼了呢？」

瓊回答說：「我也真的不知道。他變得不一樣。我無法解釋，但潔思，我跟你說，我也好喜歡他。」

沒有人能夠真正解釋或了解諾厄發生了甚麼事。那些最熟悉他的倒不是真的需要一個解釋，而那些不太認識他的人則以為他終於服用抗憂鬱藥了。

來到星期四晚上查經班的時間，大家都很期待想聽諾厄將要說些甚麼。

那個星期查經班的地點是美美所住的公寓。美美是這羣人之中的百搭卡牌。她不會隱藏自己的過去或者痛苦，而且她隨時會繃著臉的沉默起來，或者直言不諱而惹人生氣。她的住所很小，但佈置得很美。她作為創傷護理護士的本領，已經為她賺取了足夠的金錢，能夠以奢華來粉飾她的安樂窩，隱藏她生命中的蒼涼。

美美從馬西婭那裏得知，諾厄將會講述他在紐約的經歷。她早已聽說過他「甦醒過來」，但她更好奇想知道的是，他是否跟從前的他一樣易被戲弄。諾厄向來都是十分正經和過分拘謹的，所以惹怒他是一件很好玩的事。美美喜歡趁他在場時，公然拋出一、兩個不規矩的字眼，就是為了看他嘴唇繃緊的樣子。

門鐘響了。

她心裏想，**希望不是諾厄和瓊。神啊，是誰來了也好，千萬不要是他們。**

她打開門，諾厄便說：「嗨，美美。太好了，終於來到你家。」

瓊擦過諾厄身邊，以手臂挽著美美說：「有甚麼需要幫忙嗎？」

美美不知道應該大聲喊叫趕走他們，還是微笑的容忍著神成就了她祈求不要成就的事，接受神跟她開的另一個玩笑。

「嗯，老實說，我忘了製冰。如果你們都留在這兒，我便可以跑去街口的便利店買一點回來。」

「你們兩個聊聊天吧，」諾厄說：「我出去買冰吧。還有甚麼需要？」

美美的微笑變得有點邪惡。「對了，諾厄，不如你去找一下那個黑人小孩，十四歲左右，戴著紅色奧克拉荷馬大學體育隊（Oklahoma Sooners）的鴨舌帽。問他有沒有『粉』。我可能須要一點來度過這晚。」

她預料諾厄會臉色大變，蒼白起來，然後說起一些自以為義的事。相反，他咧嘴笑道：「沒問題啦，美美。我會問他今晚會否來一起上查經班，那麼你便可以跟他分享一下，耶穌做了甚麼來拯救你可愛的心靈。」

他一說到**可愛**這個詞，美美一下子變得臉無血色。

瓊笑起來：「美美，我很同意諾厄說的。你**的確是**很可愛的。」瓊匆匆走到廚房，而美美已經有點臉紅紅的，站在門廊不發一言。

半小時後，除了馬克和淑芝，大家都已經來了。馬克患了感冒，而淑芝不想離開他。其他人聚在一起，好像小朋友準備出發去尋找復活蛋一樣。

美美開口道：「嗯，歡迎來臨我家。這裏地方不大，但這就是家了。那麼，我們不如開始吧。準備好了嗎，諾厄？聽說你開始信教了。」諾厄對這句話笑得最開懷又最久。他真的發現自己喜歡美美了。她粗魯無禮的外表掩藏不了她淘氣、善良的心。

諾厄已經挑了一張特大的、軟綿綿的椅子，坐下來，靠著抱枕，稍稍移動一下身體，再坐後一點，然後又重頭開始這整個過程。每雙眼睛都在看著他這副緊張得驚惶失措的樣子、像貓王皮禮士利般擺動的身體。全場放聲大笑。

諾厄抬頭看著大家，他嚴肅、專注的臉孔頓時化作一個咧嘴的笑容。他的溫情和友善只令愉快氣氛升溫，而大家笑得更開懷。潔思是個不輕易表露情感的人，但這刻她流下淚來。馬西婭環抱著瓊，兩人一起抖動著，好像兩碗果凍。

傑克的目光與諾厄的目光相交，二人停止大笑了。傑克先說話：「諾厄，謝謝你。無論你要跟我們分享甚麼，你跟我們這樣大笑，的確是超出我在開始上查經班時所想到的呢。」

「我也是。說實話，我覺得自己有點瘋狂。我想在這次聚會的時間繼續笑下去。但我也想告訴你們我在紐約發生了的事。」

全場靜了下來。笑聲不是一下子消失了，倒是漸漸變成一種期待。

「我真的不知道應該怎樣告訴你們我所經歷的事情。上一次從紐約回來，你們對我的愛令我覺得不知所措。我知道，我真的失控了。這次我覺得自己更失控。但我真的很好。我知道這樣很奇怪，但我真的覺得很好。」

潔思於是問道：「諾厄，你先告訴我們在紐約發生了甚麼事吧。」

他慢慢道出故事來。全場一片安靜，充滿著驚歎。

諾厄說完羅斯因為有份救他一命和認了他作兒子而喜樂那一部分。故事似乎快要結束了，但諾厄卻以近乎耳語的聲音說：「那兩個人以我從未體會過的深情，互相愛著對方，也愛著生命本身。我跟他們分享我在基督裏的信仰。他們很平靜，也很尊重我，不過很明顯，透過我的故事和生命，除了跟他們表達我的感謝和講述耶穌為猶太人死，也為非猶太人死這個事實之外，我就不能再給他們甚麼了。」

潔思插話道：「那麼，你談及耶穌時，他們說甚麼呢？」

諾厄說：「沒甚麼。我跟他們分享到，他們如何把我帶回瓊和耶穌那裏之後一小時，雅各離開了房間。羅斯看著我，低聲跟我說：『我不知道一個**非猶太人**可以如此善良、開放地從我們這些老一輩的猶太人身上學習。你讓我身為你的母親而感到自豪。還有這個耶穌，嗯，因為遇上了你，我現在會對他刮目相看了。』」

馬西婭歎一口氣道：「諾厄，謝謝你。我不知道怎樣告訴你，這晚聚會對我有多大的意義。傑克跟我說他想查考傳道書的時候，我以為他傻了。多年來我都很喜歡這卷書，但我可以蠻肯定，查考這卷書會令我們的生活變得複雜。還有，我知道這樣聽起來很糟糕，但我不認為你會開放自己，去真正讓神介入你的人生。對不起。我真的需要——不，是我想——請你原諒我。我質疑神能否贏取你的心。你遇上了甚麼事呢？知道你遇上了甚麼事，對我來說真的很重要。」

諾厄看著馬西婭美麗、像貓兒的綠色眼睛。瓊的手擱在他的肩上。他記起以前他如何帶著慾望和羞愧看著她。但他發覺那種感覺消失了。他垂下頭來，聳了聳肩。

「我不知道，」他說：「我真的不知道。我想如果我知道，我便會對於發生了甚麼事和怎樣令它再次發生有點概念。我想這樣首先會有助讀懂傳道書最後的部分。讓我讀出來。」他從椅子的靠手拿起他的聖經，翻到標籤了的那一段經文。他唸道：

> 傳道者因有智慧，仍將知識教訓眾人；又默想，又考查，又陳說許多箴言。傳道者專心尋求可喜悅的言語，是憑正直寫的誠實話。智慧人的言語好像刺棍；會中之師的言語又像釘穩的釘子，都是一個牧者所賜的。我兒，還有一層，你當受勸戒：著書多，沒有窮盡；讀書多，身體疲倦。這些事都已聽見了，總意就是：敬畏神，謹守祂的誡命，這是人所當盡的本分。因為人所做的事，連一切隱藏的事，無論是善是惡，神都必審問。

諾厄抬起頭來，說：「你介不介意我跟你說說我從這卷書學到了甚麼呢？」

馬西婭說：「不介意，請繼續說。」

諾厄看著瓊，對她說：「瓊應該是教導別人的人。她贏取了我，又因為我而受苦，而且沒有人像她那樣為我禱告。沒有人比我的妻子更愛我。」

瓊微笑道：「諾厄，告訴他們你這個星期跟我說過的那番說話吧。」

諾厄開始說：「我承認有些事看起來滿有矛盾的。傳道者說得對，所以是他自己為自己的文章作總結。『日光之下』是一個無法預測的地方，而我們幾乎無可避免，要投靠某些偶像來幫助自己應付生活。但沒有一個是有用的，而且，沒有一個**本來是應該**有用的。現在我覺得比以前少了管制，少了標準。不過某程度上我比從前更快樂。」

美美笑道：「對啦，嗯，你的新工作也不會帶來甚麼痛苦吧。」

諾厄跟她一起笑：「沒錯，的確，我很愛我須要做的事。不過老實說，這工作並不如我以前所想的那樣。事實上，如今我真正的樂趣，是如何以尊重和善意令喬納森感到焦躁。即使在工作上，最關鍵的原則仍然相同：但沒有東西是真的有用的，而且，沒有東西本來應該有用的。」

美美給惹怒了，但又很好奇。她說：「諾厄，我不明白你在說甚麼。知道沒有東西有用怎麼能令你開心呢？我是說，這個想法衝擊著我。這是騙人的。正如把你辛苦賺來的錢花在一個立體聲唱機上，而自己卻十分清楚它不能如常運作的，又或者，它只會運作一個小時或一天，但如果不買，又似乎會令你坐立不安，把你逼得更瘋了。那麼，為甚麼你知道它只會使你失望，又要買呢？」

傑克終於開口了：「那是個宇宙間的笑話。你想要某些東西。神給你嘗一嘗，然後突然拿走它。或者，更糟的是，可能祂讓你享受它，但其後你發覺那不是你真正想要的。」

傑克說話時，瓊輕輕地點點頭，然後補充說：「我同意。但這是笑話嗎？這是個刻薄人的手段嗎？還是，這是一份用廉價報紙包裝著的厚禮呢？」

「我想你說的是。」諾厄插話：「我想那些似乎是笑話的東西其實是神用來喚醒我們的禮物。某程度上，每當我承認自己真的睡著了時，便可以看到神正在親切地嘗試搖醒我。我終於發現徒勞無功的事其實是一份棒極了的禮物。那份禮物可能讓人感到神很刻薄，這一點我同意。但它出乎意料地跳出來，絆倒你，把你拖出通往危險的路徑，帶給你真正的人生。」

他放下他的聖經，傾身向前。「嗯，你問了。但那只是我從傳道書裏學到的第二重要的事。最重要的是敬畏，要敬畏那宇宙間惟一真正要敬畏的——神。」

查經班裏的人都歎了一口氣。他們都知道諾厄說得沒錯。但他們真正想聽的，是諾厄應該要講述有關他顯然已經開始得著了的喜樂的事。「好吧，我來問你，」美美說：「你在說甚麼？」

「嗯，對我來說，敬畏不像恐懼，反是更像我登上私人飛機時的感覺。我知道某程度上駕駛員將要把控制桿交給我了。我很想那個時刻來到，同時又很害怕。我想，敬畏既是想一窺奧祕的渴求，又是恐懼將來——」

美美插話道：「說重點吧，諾厄。起初你說那不是恐懼，然後你又說那是恐懼。這樣不只是更聖經式的官腔嗎？」

「有點吧，我想，」諾厄說：「但又不是全然這樣的。你看，我知道自己不能獨自駕駛飛機的。但駕駛員在場，他會做所有必需的事情，以確保我們平安降落。然而，我確實會駕駛飛機，而我們的方向也將會由我一手操控。所以我感到恐懼，或者用更好的詞語，可能是激動。敬畏對我來說，是知道神已經精心安排了我的人生來認識祂的那一份激動，而今天、今晚或者明天我轉一轉彎，祂可能就在那裏，又可能祂不在那裏。任何時刻祂都可能出現，或者可能不出現。神想甚麼時候、甚麼形式現身都可以。」

他向她不自然地微微一笑。「我在大白天走進小巷，給打了一頓——但神也就出現了。起初我看不見，但我的頭撞向牆，淌著血時，神正正就在那裏，就在那位出來救了我一命的老婦裏面。神不只是出現在微小的事情上。在每一件事情上，不分大小，祂都正正出現在其中。不過祂做事的方式並不由我控制。

「所以，我要敬畏神，並且順服祂。然而，終有一天，我的順服也會給看清楚到底是甚麼——是自己為了避免痛苦或者別人的批判而付出的努力，還是自己想參與神的工作的渴望。你看，日光之下的生命是沒用的，但神卻是有大能的。神的大能不是要叫人生變得容易，反是給我們驚喜，又邀請我們與祂建立關係。」

美美呆著不動。她凝視出窗外。瓊留意到她的臉容已經軟化了，不過看起來比平日少一點輕鬆、多一點寂寞。美美終於開口時，沒有指明向著誰說，或者至少不是向著房裏的人說：「是真的嗎？這一切真的可能是真的嗎？」

然後美美望向諾厄。「我討厭你，諾厄。我真的真的討厭你。你讓我覺得這一切都有可能是真的。」

註釋

1. Patricia Meyer Spacks, " Boredom is The Youngest Sibling. " In *Boredom: The Literary History of a State of Mind*, 130. Chicago, IL: University of Chicago Press, 1995.
2. Daniel Goleman, " A High IQ is No Guarantee, " In *Emotional Intelligence*, 34 ~ 36. New York, NY: Bantam, 1995.
3. Daniel Goleman, " Include Self-control, " In *Emotional Intelligence*, xii.
4. Daniel Goleman, " Ability Such As, " In *Emotional Intelligence*, 34.
5. C. S. Lewis, " I Know Now, Lord, " In *Til We Have Faces,* 308. Grand Rapids, MI: Eerdmans, 1966.

作者簡介

艾倫德（Dan B. Allender）是西敏斯特神學院（Westminster Theological Seminary）神學碩士，密西根州立大學（Michigan State University）輔導心理學哲學博士，也是位輔導學教授，及華盛頓西雅圖馬斯希爾研究院（Mars Hill Gradate School）院長（譯按：即現今的The Seattle School of Theology & Psychology；艾倫德現已卸任院長一職）。他曾經在救恩神學院（Grace Theological Seminary）和科羅拉多州基督教大學（Colorado Christian University）任教。他是位講師和作者，他的其他著作有《受傷之心》（*The Wounded Heart*）、《醫治之路》（*The Healing Path*）、《孩子如何栽培父母》（*How Children Raise Parents*）、《尚待揭曉》（*To Be Told*）和《把難處變為優勢》（*Leading with a Limp*）。

朗文（Tremper Longman III）是耶魯大學（Yale University）

哲學博士，在加州聖芭芭拉韋斯特蒙特學院（Westmont College）任職聖經學教授（甘路伯〔Robert H. Gundry〕教席）。他是《心靈的迴響》（*How to Read the Psalms*）、《如何讀箴言》（*How to Read Proverbs*）和《從文學方式解讀聖經》（*Literary Approaches to Biblical Interpretation*）的作者，也參與編輯《新舊約文學讀經法》（*A Complete Literary Guide to the Bible*）。

艾倫德和朗文合著的暢銷書包括《勇敢的愛》（*Bold Love*）、《親密同盟》（*Intimate Allies*）、《靈魂的呼喊》（*Cry of the Soul*）、《親密奧祕》（*The Intimate Mystery*）和《親密婚姻聖經研讀》（*Intimate Marriage Bible Studies*）。

緊扣時代 服事教會

以文字傳揚基督真道

讀者意見表

衷心多謝你購買本社書籍。本社一直致力以出版事工服事教會，幫助信徒扎根於神的話語，促進靈命增長。為使我們的出版更能滿足你的需要，請填寫下列各項資料，並寄回或傳真予本社。

所購書籍：________________

本書最吸引你的地方：
☐作者 ☐適切性 ☐文筆 ☐設計 ☐實用性
☐其他：________________

購買本書地點：
☐基道書樓 ☐基督教書店 ☐非基督教書店

性別：☐男 ☐女 職業：________________

信仰：☐基督徒 ☐非基督徒

年齡：☐16歲或以下 ☐17～25歲 ☐26～35歲
☐36～55歲 ☐56歲或以上

學歷：☐中三或以下 ☐中五 ☐預科
☐大學 ☐研究院

☐我欲更多了解基道出版社的事工及考慮支持，請寄給我下列資料：
☐機構簡介 ☐新書資料 ☐基道會員通訊
☐《基道文字事工通訊》

姓名：________________ 電話：________________

地址：________________

____

傳真：________________ 電子郵件：________________

其他意見：________________

____

多謝賜教！

意見表可以傳真（2687-0281）或直接郵寄以下地址：
香港沙田火炭坳背灣街26號富騰工業中心1011室
基道出版社編輯部收